結婚・出産で辞めない
制度・組織・雰囲気のつくり方

女性が働き続けるすごい会社の仕組み

㈲花やの前の美容室　代表取締役
雨宮健太
Kenta Amemiya

現代書林

まえがき

現代は、女性の時代、女性が活躍する時代と言われます。

「女性が買わないとモノが売れない」「女性が関心を示さないと流行らない」と言われ、商品も流行も女性をターゲットにしたものが時代の主流となっています。女性の社会進出も広がっています。

日本の25～54歳の女性の就業率は約72％ですが、これは欧米の先進国と比較するとまだ低い状況です。しかもこれが子どもを持つ女性となると、就業率は52％にまで落ちてしまいます。その中で正社員の比率は8％と極端に低くなっています（経済協力開発機構『雇用アウトルック2015』）。

政府も女性の就業率を上げようといろいろと対策を講じているのですが、十分とは言えません。

「働きたいのに、働ける環境にない」という、女性ならではの状況がそこにあります。

私が美容室の経営に関わって22年になります。

最近では経営者のセミナーや集まりに呼ばれ、女性スタッフの育成についての講義をさせていただくことも増えましたが、どこに行っても「女性はすぐ辞めてしまう」「どうやって女性を確保すればいいのか」という悩みを聞きます。また、「女性を活用するのは難しい」とおっしゃる経営者も多くいらっしゃいます。

若いうちに採用して育て、さあこれからというときに結婚・出産で辞めていってしまう。これは企業にとってもコストになるし、大きく言えば国家にとっても損失です。

当社のような美容室では、スタッフの主戦力は女性です。経営において、女性の人材を確保することが文字通り、死活問題と言えます。

どうしたら、実力ある女性が結婚・出産で辞めることなく、進んで勤め続けてくれるのか。そのことにずっと企業努力を続けてきました。

それはもう試行錯誤の連続でした。まわりを見ても、あるいは経営者セミナーなどに出向いてみても、自分のロールモデルとなる企業は見当たりませんでした。自分でやってみて失敗し、そこから成功法則をつかんでいくしかなかったのです。

「これ以上、人が辞めたら店舗が存続できない」というピンチもありましたし、女性ならではの人間関係に巻き込まれて悩んだこともあります。

しかし、失敗から学びつつ、就労条件の見直し、福利厚生制度の改善など、徐々にシステムを整え、企業理念の浸透に努め、ようやく「女性が辞めなくてもすむ会社」を達成するに至りました。

システムもそうですが、人が辞めないのは企業理念が浸透したことが大きなカギだと思っています。

どんなに条件が良くても、フィロソフィがなければ求心力が弱まり、人は1人、2人と欠けていってしまいます。

そこも含めての環境づくりを行ってきたのが、当社の成功の理由だと思っています。

このシステムができてから、おかげさまで企業としての業績も好調で、店舗数は関東を中心に増え続けています。2016年4月現在では、「花やの前の美容室」として山梨、埼玉、東京に7店舗、別ブランドとして東京の表参道と銀座に3店舗を展開。今後も出店の計画が控えています。

美容室、ネイルサロン、エステサロンなど美容業界に限らず、ファッション業界、サービス業、飲食店、歯科医院など、女性が求められる業種は非常に多くあります。

本書はこうした方に向け、当社のシステムを紹介しつつ、女性の人材確保、活用術についてきめ細かくお話させていただきます。

まだまだ若い会社ですが、女性が「こういう会社で働きたい」と思ってもらえる、お手本的存在になりたいと思っています。

本書が、読んでくださった皆さんすべてに有益なものとなるよう願っています。

有限会社　花やの前の美容室　代表取締役　雨宮健太

CONTENTS

PROLOGUE

人が辞めない会社を目指して

PART 1

女性が働き続ける会社づくり

PART 2

女性の特性を生かした経営

PART 3 女性が活き活きと稼ぐ仕組み

PART 5

働き続けてくれる女性たちの声

Amemiya's Talk

PROLOGUE

人が辞めない
会社を目指して

美容師になって初めて経験した〝女性の世界〟

まず私自身の紹介も兼ねて、当社の設立の経緯と、今までの流れを簡単に説明させていただきたいと思います。

私は山梨県の甲州市生まれ。父はサラリーマン。母は自宅の一角で美容室を営んでいました。田舎ではよくあるスタイルだと思います。

私は祖母に育てられたおばあちゃんっ子。絵を描くのが得意でしたが、それ以外は特に目立つところのない、普通の子どもだったように思います。

高校時代は剣道部。そこは強豪校で、私の在学中も全国大会に出場しました。しかし私はというと、レギュラーと補欠を行ったり来たりする、何とも半端な立ち位置でした。かといって学業が優秀な成績というわけでもない。あまりパッとしない高校時代でした。

高2になって進路をどうするかという話になったとき、何となくという感じで母の職業である美容師を選びました。

何も秀でたものがない自分にちょっと劣等感もあり、何か〝これ〟という技術を身につけたかったのです。それと大学に行ったエリートたちが卒業する前に、一人前の社会人になってやろうというハングリー精神も多少はあったように思います。

母はとても働き者で技術も高く、店はかなり流行っていました。スタッフも多いときで5人ほど雇っていました。

最初は母の店の手伝いをしながら、通信の美容学校に入学しました。ほどなく先輩のつてを頼って、別の店で修業をさせてもらうことにしました。

そこは初めて経験する〝女性の世界〟でした。女性特有のいじめや無視みたいなものが露骨にありました。

私に対しても、その日の気分で口をきいてくれなかったり、でも翌日は妙にやさしくなったりとムラがあるんです。あるいは自分より技術が上の人、お客様に人気のある人に対するひがみや、やっかみも目の当たりにしました。

私は体育会系だったこともあり、技術の習得なども、時間は度外視で一生懸命やるのですが、それが気に入らないと言って足を引っ張られたこともありました。「まわりと同調しなさい」ということなのかもしれませんが、当時の私にはその感性がまったく理解できませんでした。女性不信とまでは言いませんが、嫌気が差しました。

もちろん女性の世界が悪いことだらけというわけではなく、いいところもいっぱいあるのですが、体育会系の私には女性の世界に対しての免疫がなさすぎました。

ただ、ここで見習い経験をしたことが、あとになって非常に役に立ったことは間違いありません。

時代遅れの美容業界の体質

そうこうするうちに、母が腱鞘炎になってしまい、仕事ができないから戻ってきてくれと要請されました。

当時、母の店で働いていたスタッフの結婚や出産が重なって、続々と辞めてしまったのです。

〝女性の世界〟に疲れていた私は、半ば喜んで母の店に戻りました。

そのときはまだ美容師免許を取得できていなかったので、見習いでしかありません。

ところが美容学校というのは今もそうなのですが、習ったことが実践として役に立つわけではないのです。たとえばパーマなど、美容学校で教えてもらった通りにかけたら、雷が落ちたような、すごい仕上がりになってしまう（笑）。いまだに50年前、60年前の美容師法に基づいてやっているのです。国家資格試験も今の時代に合っているとはとても言えません。

だから美容師というのはもれなく全員が、卒業したあとに自ら技術を求めて、勉強しないといけないのです。

それも体系化されたものがあるわけではなくて、「先輩の技術を見て盗め」という世界。教えてくれる人はいません。

私の場合、親子なのだから母が教えてくれるかというとそうではありません。母は〝感性の人〟なので、人に理論立てて説明するのは得意ではないんです。

高校3年間を坊主頭で過ごした私は、余計に分が悪い。女性のヘアスタイルも流行も何もわかりません。仕方なく人の技術をマネしたり、業界紙を読み漁って勉強したり、あるいは講習会に参加したりして必死で学びました。

学んだことは自分でノートをつくって体系化していました。これは自分でもびっくりするほど夢中になれる作業でした。

ここで理論を体系化できたことが、のちに人に教える基礎となった気がします。

また上司である母が、芸術肌というか、言葉で説明するのがあまり得意でない人だったから、「人の言いたいことを読み解く力＝リテラシー」が身についたように思います。これものちに女性スタッフをまとめる立場になったときに役に立ちました。

画期的だった提案型スタイリング

そこで十分に技術を身につけることができたので、美容師免許を取得したときにはスタイリスト＊としていっぱしの仕事ができる状態になっていました。

母は私が大学に進学すると思ってお金を貯めていたらしいのですが、結局行かなかったので、そのお金で2軒目の店舗を出そうということになりました。

そこは私と、見習いで入ってきた高校の後輩2人で始めました。

私が考えたのは、お客様に似合う髪型をこちらから積極的に提案するスタイル。その当時はお客様がいらっしゃると「どうなさりたいですか？」と聞いて、ご要望通りに仕上げるというのが普通でした。

当時、「トレンディドラマ」という言葉が流行っていて、人気ドラマに主演した浅野ゆう子さんの全盛の時代。みんなこぞって浅野さんを真似てワンレン（ワンレングス）にしていました。

でもそれが似合う人はいいけれど、「この人はワンレンではなく、別のスタイルのほうが似合う」というケースも往々にしてあるわけです。そこで「お客様にはこういうスタイルがお似合いだと思います」とプロの目から提案させてもらうのです。

このスタイルは当時まだ珍しかったと思います。まだほとんどの店がやっていなかったカウンセリングも採用していました。

そうやってお客様と話し合ってつくり上げたスタイルは、やっぱり違うわけです。とても似合うし、お客様もご自分の新しい魅力を発見して喜んでくださるのです。

それが口コミを呼んでお客様が増えていき、ありがたいことに、いつも予約で一杯という状態でした。当時は美容室の件数が人口に比べてまだ少なかったこともあったと思いますが、採算もすぐに取れるようになりました。

＊美容師として一人前の仕事ができる人のこと。通常、国家資格を取得してから、アシスタント（見習い）を数年経てスタイリストとして独り立ちする。

経営の厳しさを思い知る

そんなときです。母ががんになってしまい、闘病生活に入ることを余儀なくされました。私は突如、2つの店を同時に見なければいけないことになってしまいました。

そこからが大変でした。2つの店舗をかけ持ちし、美容師としてお客様を持ちながら経営を見ないといけない。給料の支払いや帳簿つけ、銀行との交渉も私の仕事です。

悪いタイミングは重なるもので、家庭内でも大変なことが起こっていました。早期退職した父がうつ病を患い、私を育ててくれた祖母は認知症を発症。弟はまだ高校生でした。

1つの家に住んではいるけれど、家族はバラバラでした。食事なんか一緒にしたことがありません。ケンカをするとか仲が悪いわけではないけれど、みんなが自分のことで必死でした。

私はガムシャラに働くしかなかった。部下にもそれを求めました。でももちろん全員が私と同じ思いを持つはずもなく、「もっと休みが欲しい」と言い出す人もいるわけです。私はその気持ちが理解できなかったし、どう対応すればいいかもわからなかった。

幸い、母はがんを克服し、店に復帰できることになりました（ありがたいことに今も元気です）。

ところが今度は、私との間でバトルが始まってしまったのです。

母には長年の母のやり方があるわけです。しかし私も母の入院中、15名の部下を率いてまがりなりにもやってきたわけで、そこで衝突です。

お客様の前ではさすがに取り繕っていましたが、店が終わるといつも怒鳴り合いになっていました。間に挟まれるスタッフはさぞや迷惑なことだっただろうと、今はもう反省しきりです。

今思えば、私は母に認めてほしかったのだと思います。でも母は母で、この子を認めたら甘やかすことになってしまうという思いがあったのでしょう。

悩んでいた私を救ってくれたもの

世はまさにカリスマ美容師ブームが到来していました。メディアでスター扱いを受けるカリスマ美容師たち。

私も東京に乗り込んで勝負したいという思いがあったものの、今となっては責任ある立場。店と従業員を捨てるわけにはいかず、うらやましい気持で眺めるばかりでした。

美容業界はこのブームのおかげでかなり業績が上がっていました。

ところが、自分の店ではそれが災いして、みんなどんどん独立していってしまうのです。それも稼ぎ頭からどんどん辞めていく。

「雨宮さん、お話があるのですが」と言われるのが恐怖でした。ああまた辞める話かと。それが続くと、最後は仕事場にいるのさえ怖くなって、スタッフと目を合わせることができなくなってしまいました。

もちろん辞められたあとはどっぷり落ち込みます。せっかく育てたのになぜ辞めてしまうのか、当社に魅力がないのかと、疑問ばかりが募りました。

今思えば、体育会のノリを引きずったまま、〝滅私奉公当たり前〟という体制でやっていましたから、人がついていけなくて辞めるのも当然なのです。でも当時の私にはそこが理解できなかったのです。

「何でだろう……」

毎日が悩みの中でした。

師との運命的な出会い

順序は前後しますが、私が高校を卒業するとき、ある本との出会いがありました。それは『稲盛和夫の実学―経営と会計』（日本経済新聞社）です。たまたま書店で手に取ったのですが、私にとってはこれが運命の出会いでした。

稲盛さんはご存知、京セラの設立者でもあり、ＪＡＬを再建した経営の神様です。本書は「会計がわからんで、経営ができるか！」というコピーの通り、経営に役立つ実践的な会計についてわかりやすく書かれています。稲盛さん自身が独学で会計を学び、それを経営とダイレクトに結びつけた画期的な本です。

それまでマンガしか読んだことがなかったのに、何でこの本に興味を持ったのかも不思議ですが、また内容がすっと理解できたのも、何かの巡り合わせのようでした。

私は高校では全然勉強をしていませんでした。もともと勉強が好きでなかったのと、部活が大変だったので授業は寝てばかり。でもなぜか簿記だけは好きで、授業を熱心に聞いて、テストもいつもほぼ満点でした。簿記だけ点数がいいので、職員室に呼ばれて「お前はカンニングしただろう！」と決めつけられ、一人だけ再試験をさせられたこともありました（笑）。

それはともかくとして、偶然に過ぎないけれど、簿記の基礎知識があったがために、この本に書かれていることがほぼ完璧に理解できたのでした。

ただ、そのときは高校出たての18歳だったせいもあって、それきりになっていました。

そのことを悩みの日々の中で、ふと思い出したのです。

急いで書店に行って、再び稲盛さんの本を手に取ってみました。ベストセラーとなっている『生き方』（サンマーク出版）でした。

そこに書かれていたことは〝驚き〟のひと言。まさに、目からうろこが落ちたような気がしました。

自分本位の生き方をしていたら最後は行き詰まる。利他の気持ちを持つこと、仕事を通して自分を磨くということ……。

何もかも、当時の私にはまったく欠落していたものでした。

社員に対して「この人のために」と思いやる気持ちが欠けていたし、給料も「このぐらい払えば辞めないだろう」という考えで設定していました。

しかし稲盛さんはそうではなく、「給料は社員を幸せにするためのもの。人件費は経費ではない」とおっしゃるのです。

頭を殴られたような衝撃でした。自分は今まで考え方からして間違っていた。そして会社をまったく間違った方向に引っ張っていこうとしていたのだと……。

人が辞めない会社を目指す

当時はすでに4店舗を展開していましたが、会社という形にはなっていても、労務管理や福利厚生など、一般の会社らしいことは何も整っていませんでした。

私自身も知識がなかったし、他の美容室を見ても似たようなもので、参考になるところはありませんでした。当社だけの問題ではなく、業界全体の問題だったのです。

美容業界というのは家族経営的なところがあって、それまでは美容師の子どもがまた美容師になるケースが多かったのです。旧態依然とした経営が続けられてきたのは、それも理由のひとつだと思います。

ところが当時、カリスマ美容師ブームの影響もあり、親がサラリーマンという新人がどんどん入ってくるようになりました。

するとそういう子たちは、親が福利厚生のしっかりした会社に勤めていて、その待遇を知っているから、当然当社も同じようにシステムが整っていると思っているわけです。「週休2日じゃないんですか？」「社会保険はないのですか？」とよく聞かれました。「ない」と言うと信じられないという顔をするのです。

また、辞めていくスタッフに「ここは社会保険がないから」と言われたこともあります。正直に言って情けなかった。

そこで初めて「人が辞めない会社」を目指さないといけない、そのためにはまず福利厚生をきちんと整備しないといけないと決意しました。

美容業界が抱える深刻な問題点

あらためて考えてみると、当時の美容業界はそれ以外の部分にもいろいろな問題を抱えていました。

まず美容師という職業は、小学生の女の子のアンケートでは、将来なりたい職業ベスト

10に入っています。今も昔も女の子の憧れの職業には違いないのです。

しかし実際は、美容師を志す人は減っています。

美容学校はどこも志願者の減少に悩んでいます。高校の進路指導の先生も、生徒を美容学校へ進学させるのを嫌います。

さらには、親も子どもを美容学校へ入れたがりません。「美容業界に入るなら、将来性を考えて、看護や介護業界を目指したほうがよい」と別の道を勧める親も多いようです。

この結果、美容師は減り、今やどの美容室も求人難に陥っています。そうでなくても少子化が進行していて、新卒者の人口は確実に減っているのです。

ではなぜ、美容業界はこれほど魅力を失ってしまったのでしょうか。

ひとつには労働環境の問題です。就職した先が社会保険も整備されていない、労働時間は長時間、休日もままならない……では、高校の先生も推薦するはずがないのです。

それから教育システムもなっていない。「この業界は厳しい職人の世界だから見て覚えろ」と言っても、現代には通用しません。

労働環境として最低基準さえクリアしていない状態で、「やる気のある奴だけ集まれ！」と力んでも、空回りするばかりで人は集まるはずもないのです。

それらの問題は、美容師の離職率の高さに表れています。

まず一人前になる前に、アシスタントの段階で辞めてしまう女性が非常に多いのです。給料は安いし、こき使われる社会です。そんな状態で美容師としての将来のビジョンや夢が持てないまま、結婚・出産というライフイベントによって、あっさり退職というケースが非常に多いのです。

頑張ってスタイリストデビューしても、給料は歩合制。お客様に評価されないと給料が上がっていかない成果報酬による賃金体系は、全員には向きません。指名の多い人はいいけれど、そうでない人には大きなストレスです。

そのため、多くのスタイリストが、より条件のいいサロンや、面貸しサロンを求めて転職してしまいます。面貸しサロンというのは、簡単に言えばスペースだけ借りて、そこに自分のお客様を連れてきて営業するスタイルです。これだとやっただけ稼げるのですが、やらなければ収入はゼロです。

私はこうした業界の抱える構造的な問題を変えていかなければいけないと思いました。子どもが「将来、美容師になりたい」と言ったとき、お父さん、お母さんが「それはいいね」と心から喜んでくれる、そんな業界でなければいけない。

そのためには、まず自分の会社から改革をし、業界で輝く存在にならなければいけないと思いました。そしてやがては業界の進歩発展に貢献できれば……。私はひそかにそんな思いを抱くようになりました。

労働時間を大幅に短縮できた理由

まず着手したのは「労働時間の短縮」でした。

美容室は朝10時に開店して、夜の8時、9時まで営業することが多いのですが、その間、スタッフはずっと店に張りついていなければなりません。労働時間が長いのが当たり前の世界でした。

これも業界の悪しき風習なのですが、私自身もそれに慣れきっていて、おかしいとも何とも思っていませんでした。しかしこれでは結婚・出産を経た女性が働き続けられるわけがないのです。そこでまず時短への取り組みを開始しました。

さらにはオペレーションの改革にも取り組みました。お客様一人当りの単価が高くても、滞在時間や営業時間が長ければ、スタッフの総労働時間はその分、長くなります。当然、採算は低くなってしまいます。採算を高くするためには、お客様の回転率を上げて、効率を良くしないといけないわけです。

そのために、お客様の来店からシャンプーの仕方、パーマやカット、カラーリングの流れを、一から見直すことにしました。

あらためて見てみると、単に習慣でやっている〝ムダ〟がいっぱいありました。たとえば、カットとカラーリングを希望されているお客様がいらしたとします。その場合、特に根拠のないままシャンプーをして、カットして、乾かしてカラーリングして、またシャンプーするというのが、従来の施術の流れでした。

しかし、シャンプーして余分な油分を流してからカラーリングをすると、頭皮を刺激してトラブルの原因になりやすいのです。カラーリング剤はちょっと強い薬品を使うからです。だからシャンプー後は、あらためて頭皮に油分をつけ直したりしてからカラーリングしていたのです。

であれば、何もわざわざ最初にシャンプーをする必要はなく、シャンプーの前にカラーリングしたほうがよいわけです。薬剤などもオペレーションをスムーズにするため、より質のいいものに変えました。

スタッフが大量離反するという無念

こうやって1つ1つの施術を見直して、徹底的に無駄を省いていきました。

当社にとってもお客様の回転率が上がるし、お客様にとっても施術が短時間で終了するわけですから、双方にとって〝いいこと〟です。

オペレーションを見直したあとは、それをスムーズに実行できるよう、教育カリキュラムを全部改めました。

ところが、これがスタッフからは大ブーイング。「やっとスタイリストになったのに、なぜもう一度技術の勉強をやり直さないといけないのですか」と反発を招いて、スタッフが大量に辞めてしまったのです。

私はまたまた落ち込みましたが、これは「前に進むための痛み」と無理に自分に言い聞かせました。「私もやるから」と言って、そのときはもう経営に専念していて、ハサミは持っていませんでしたが、もう一度持ち直して、自らスタッフに指導しました。

今残ってくれているのは、そのときの変化に対応してくれたスタッフたちです。

痛みを伴う改革ではありましたが、断行したことは正解でした。

美容業界では今もなお、旧態依然としたやり方をしているところが大半です。当社はこのシステム改革が成功したからこそ、今があると思っています。

業績が飛躍した理由は〝たったひとつ〟

この〝システム改革〟がうまくいったのは、当時の社長だった母のおかげもあります。

当時、山梨で稲盛さんが主宰する盛和塾の立ち上げがありました。母は実は以前、経営を学ぶために東京の盛和塾に通っていたのですが、途中からは幽霊塾生のようになってしまっていました。

しかし地元・山梨に塾ができるということで、再び縁を持ったのです。

母はそこでいろいろ学んだのでしょう。突如「わが社の経営理念」みたいなことを言い出して、朝早く来て掃除を始めるようになったのです。店の中ばかりでなく、外の草むしりまで始めました。

私は「またおかしなことをやり出して……」といささか苦々しい思いでそれを見て

いたのですが、しばらくするとスタッフたちが「私も手伝います」と言って、誰に言われるでもなく、一緒にやりはじめたのです。

当時はまだ社長である母と、経営の実務を担う私との間には軋轢が残っていました。簡単に言えば、いがみ合いが続いていたのです。

でも率先して動く母と、それに賛同して協力するスタッフを見ているうちに、私はハッと気づきました。「人は一生懸命やっている人についていくのだ」と。

意地を張っている場合ではないと思いました。私は自分の得意とする会計と、教育体系の構築で、社長である母をバックアップする立場に回ろうと思ったのです。

ここで初めて、母ときっちり役割分担ができ、同じ山を登ろうという志が持てたのです。

システムの再構築、そして企業理念がやっとかみ合いました。

そうしたら、何が起こったかと言うと、ビックリするほど業績が上がったのです。

みんなが同じ方向を見て力を合わせることで、会社というのは大きく伸びるのだと実感した一件でした。

結婚・出産で辞める必要のない会社づくりへ

業績が上がって、会社の資金繰りに多少余裕が出たことで、やっと「女性の就労支援」ということに思いが至りました。

経営理念には「従業員の物心両面の幸せを追求する」と掲げていて、当社の従業員の8割は女性です。であれば、女性のために利益を使おうと思いました。

まずつくったのが専用の託児所です。2008年のことでした。甲府市内の国母店の敷地内に託児所を建てました。地方都市ですから、幸い土地はたっぷりあります。この店は他の店舗からも車で近いので、子どもを預けるにはちょうどいい立地条件でした。トレーラーハウス風のちょっとおしゃれな建物です。

これをつくったときは、みんなに驚かれました。「お客様用の託児所じゃなくて、従業員専用の託児所なの?」と言って。

もちろん時間によってお客様のお子さんを預かることも可能ですが、基本は従業員のための施設です。

この設備とシステムの整備によって、今ではかけ値なしに「結婚・出産で辞める必要のない会社」が達成できたと思っています。

なぜ女性は働き続けられないのか

前述してきた通り、美容業界ではいまだに古い風習がそのまま残っています。

美容師さんたちは、労働時間が長くて、休みも少ない。その数少ない休みも返上して、技術を身につけるべく講習会へ。美容業界は次から次へと、新しいスタイル、新しい技術が生み出される業界ですから、常に勉強していないと取り残されてしまうのです。

でもそれは、「自分の休みを使って、自腹を切って」というのが暗黙の了解として行われているのです。

まさに丁稚奉公・滅私奉公の世界。江戸時代じゃないのだから、こんなことで人がついてくるわけがないのです。

ましてや結婚・出産のある女性が勤め続けられるわけもない。みんなそんな生活はとても無理だからと辞めてしまうのです。

今は大きな会社などは多少、女性が働き続けることのできるシステムを整える動きが出てきていますが、やはりまだまだのようです。

そんな中、多くの経営者は女性の人材確保に苦労しています。当社はここに来るまでは試行錯誤の連続でしたが、今ではありがたいことに人材では困りません。「ここで働きたいから」と名指しで志願してくれる人も増えました。

次の章では、まずどのようにシステムを整えれば、女性が働きやすくなるか、当社での取り組みをご紹介しながら、話を進めていきたいと思います。

PART 1

女性が働き続ける会社づくり

女性が働き続ける会社をつくる

「女性は一人前になり、さあこれからというときに結婚・出産で辞めてしまう」

「女性同士のいざこざがあるから扱いづらい」

「女性の考えていることが理解できない」

経営者セミナーに出席すると、必ずと言っていいほどこのような声というか、ぼやきのようなものを聞きます。

そして私に聞かれることは皆さん、ほぼ同じです。

「どうしたら女性が働き続けてくれるのか――」

これに対してひと言で答えるならば、「女性が安心して働き続ける環境を整える」ことに尽きると思います。

では、女性が安心して働き続ける会社とはどんな会社なのでしょう？　私なりの考えをお話していきます。

女性が結婚・出産で辞めてしまう理由

今の時代、結婚・出産を経ても働き続けたいと考える女性は非常に多くいます。「専業主婦になりたい」という人もいますが、もはや少数派です。

特に美容師や看護師のように資格や専門の技能を持っている女性は、ずっと働き続けたいという希望が強いものです。

ところがどの世界でもそうなのですが、働く希望があっても実際には出産を機に辞めてしまう人が多いのです。

それは働き続けたくても働ける環境がないからです。出産しても支障なく働き続けることが可能なのは、おばあちゃんが全面的にバックアップしてくれるなど、一部の人に限られていました。

美容業界の場合は、「育児休暇制度」さえ整っていないことが多いので、「続けたいけど辞めるしかない」という状況になってしまっているのです。

ましてや長時間労働、休日も少ないという、業界の悪しき風習が残っている中では、仕事と家庭の両立など、とても無理なのです。

たまに頑張って続ける人もいますが、子どもがいたらどうしても勤務時間は短くならざるをえません。

あるいは、子どもが熱を出して早退しないといけないことも増えます。すると古い体質の業界においては「あの人は仕事をしていない」「こんなことでは困る」と言われてしまう。口に出さないまでも、そういう雰囲気があるのです。

そうでなくても働く母親は「みんなに迷惑をかけて申し訳ない」という気持ちでいっぱいです。これではいたたまれません。

メーカーさんなどの一般の会社に比べても、美容業界は体質が古いと思います。この業界は古くから女性が活躍してきた職場なのに、女性支援においては一番遅れていると言っても過言ではありません。

育児休暇が取りやすい雰囲気が大事

では、子どもを産んだあとの復職の事情はどうでしょうか？

育児休暇のある会社は、もちろんそれを利用する女性が多いと思いますが、その制度が活用しやすいものであるかどうかがポイントだと思います。

というのも、「育児休暇を取って復職するのは気が引ける」と考える人が多いのです。育児休暇をフルに取ってから復職すると何か言われるからと、仕方なく半分で切り上げたという話も聞いたことがあります。

育児休暇をしっかり取れる雰囲気、復職したいという人を温かく迎える雰囲気づくりが何より大事だと思います。時短制度の採用も必要でしょう。

美容業界の場合は、育児休暇が制度として確立していないことさえ普通にあります。休んでもいいけどその間の給料は払わないとか、払ってもごく少額とか。

某美容関係のサロンで「俺が社長の間は出産は許可しないから」と言い切っている人がいるそうです。労働基準法違反とかいう以前に、人としてどうなのかと思いますが……。この人の例は極端だとしても、妊娠・出産というと〝嫌な顔〟をされるところは往々にしてあるようです。

Amemiya's Talk

パート職もキーパーソンになれる

当社の店舗で、売上が毎月３００万円ほどあったのが、２４０万くらいまで落ちてきたということがありました。

私は常に数字を追っていますから、売上が下がってきたことにはすぐに気づきました。

それで店に行ってみると、店の雰囲気が悪い。リーダーはパソコンをたたくのが仕事だと思っているようで、パソコンの前にずっと座っているのです。

スタッフは一生懸命お客様と接しているのですが、それをリーダーがねぎらうことをしない。そうしたら店としての一体感は持てません。チームとして仕事をしているので、そういうのがすべて店の雰囲気に反映されてしまうのです。

サービス業ですから、戦略やマーケティングを徹底するより、お店の雰囲気が何より大事なのです。お客様は「雰囲気がいいからまた行こう」とか「何か感じが悪いからもう行かない」と思うわけです。ずっと行っていたお店でも、何か雰囲気が変わってきたと思うと、お客様はもう行かないでしょう。それが売上に直結してしまったのです。

そこで思いついたのが、1人のパートの女性でした。この人はずっと当社で働いていて、店長、マネージャーまで昇格したのですが、結婚・出産でいったん辞めて、その後にまたパート職で復帰してきた人です。

非常に明るい性格で、人を引っ張る力もあるので、その人に「リーダーが未熟なので、この店はこういう状況になっていると思う。ちょっと面倒を見てあげてくれないか?」と頼みました。

その人は果たして私の期待に応えて、リーダーを上手に立てながら、元気いっぱいのお店にパラダイムシフトしてくれました。それとともに売上も徐々に上がって、元の水準にまで戻ったのです。

そんなに店の雰囲気が売上とダイレクトに結びつくのかと思われるかもしれませんが、お店の雰囲気は本当に大事です。その雰囲気をつくるのはスタッフの一体感です。

流行っている店は空気が違います。「あのお店、何かいいよね」という〝何か〟

は雰囲気のこと。スタッフの笑顔とか明るさが決め手だと思います。

別にお笑い漫才師ではないので、おもしろいネタを披露するとか、無理にお客様を笑わせる必要は全然ないのです。スタッフが素直で誠実でニコニコしていて、明るく元気で前向きに接していれば、自然といい雰囲気が醸成されます。それでお客様も元気になってくださるし、「ここにまた来たい」と思ってくださるのだと思うのです。

出産後に復職する際の大きなハードル

出産でいったん仕事を辞めて、育児に専念し、子どもが小学校に上がるなど、ある程度、手がかからなくなってから、復職する女性は非常に多くいます。

しかし復職する場合、女性にとって大きなハードルがあります。

ひとつは就業時間の問題です。仕事に戻っても、残業や休日出勤など、出産前と同じような働き方はできないという人が多いと思います。

美容室の場合は、お客様の予約に合わせて稼働しなければいけないという縛りがありますから、ますます働きづらいのです。これは美容業界だけでなく、サービス業にはありがちなことだと思います。

復職の際にもうひとつのハードルとなるのが、ブランクの問題です。

特に技術職の場合、妊娠・出産で3年、5年と休んで、再び仕事を始める際に、勘が取り戻せるのかという問題があります。美容業界の場合は、流行、トレンドということがありますからなおさらです。

実際には基礎がしっかりできていれば、2年や3年のブランクはまったく問題ありません。ブランクが長くて心配だという場合は、研修制度を設ければいいのです。

しかし現実問題としては、本人自身が「もう自信がないから」と二の足を踏んでしまっているケースが多いのです。

またこれは美容業界特有の事情ですが、美容師にはその人についているお客様がいます。そうしたお客様は自分が辞めるときに、別の人に引き継いでいるわけです。その人が出産を終えて戻ってきた際に、「その人は私のお客様だから」と言い出したらトラブルになってしまいます。

また復職して戻ったはいいが、お客様がつかないこともあります。給料が歩合制の場合はそれも問題となります。

このようにさまざまな事情がからんで、女性の復職を難しいものにしているのです。

出産後も辞めずにすむ6つのポイント

では、そのあたりをどのようにクリアしてきたか、当社の取り組みをご紹介していきましょう。

美容師という女性が主力の会社で、当社も人材の確保に非常に苦労してきた話はプロローグでしました。

そうでなくても、業界の古い風習のままにやってきたところがありましたから、まず「最低限のレベルの福利厚生の整備」から始め、試行錯誤しながら、「女性が働き続けることができる会社」「結婚・出産で辞める必要のない会社」を目指し、徐々に改革を進めてきました。

そこで最も心がけたことは、「ハードルを低く設定する」ということでした。就業時間を短くする、休みを取りやすくするなど、子どもを持って働く人のために、勤務条件に柔軟性を持たせるのです。

そうしたことをポイントごとにまとめてみましょう。

①雇用形態

出産後、子どもを預けて復職する場合は、どうしてもフルタイムは難しいもの。その場合は正社員のまま、5時で帰れる「ショートタイム制度」を選択できるようにしています。

また、もっと早く帰りたい場合は、パートとして復帰してもらいます。その立場で自分の都合、自分の時間に合わせて働いてもらい、お子さんが大きくなって手が離れたら、再び正社員になるという道もあります。

②就労時間・休日

パートであれば、働き方はかなりその人に合わせることができます。たとえば、週に2日だけとか3日だけとかの就労でもOKになります。また時間も午後2時までとか、4時までとか、その人の都合に合わせて設定できます。月曜日は午前中だけ入って、水曜日と木曜日は2時で上がるといった働き方も可能です。休みも土日に取ってもらうこともできます。

正社員の場合は、前述のショートタイム制を採用して、残業なしで早く帰れるようにしています。もちろん、子どもの急な発熱や学校行事の参加などには、いつでも休める体制を整えています。

③託児所の完備

子どもを預けて働くにも、預け先がなければ無理な話です。

当社では先に述べたように、従業員専用の社内託児所を設けています。利用できるのは社員もパートさんも含めたスタッフ全員。完全無料です。

利用できる時間は8時から5時半までで、それぞれの勤務時間に合わせて預けることができます。

年齢は基本的に0歳児から年少さんまで。それ以上の年齢では保育園や幼稚園がありますから、一番ニーズの高い年齢層をお預かりする形です。しかし、年少以上でも、土日は預かります。

参考までに託児所での1日の様子を紹介しましょう。

手前味噌のようで恐縮ですが、この託児所はとても評判が良くて、子どもたちもとても楽しく過ごしているようです。

今後は英会話教室を開いたり、あるいは小学生の子どもに向けて学習塾を開講するなどの展開も考えています。

託児所の1日の流れ

時間	項目	内容
8：00～10：00	登所	保護者（スタッフ）の出勤時間により、登所時間は異なる。
10：00	活動	季節ごとのイベントに合わせ、製作活動や戸外活動を行う。
11：30	昼食	各家庭からお弁当を持参してもらう。
12：45	昼寝	ごはんのあとはしっかり睡眠を取り、体を休める。
15：00	おやつ	おやつは託児所で用意したものをみんなで食べる。
15：30～17：30	降所	保護者（スタッフ）の勤務時間に合わせて、順次降所する。

④給与保証

給与体系は社内規定の資格等級によって決めています。美容室は一般的に基本給プラス歩合（指名料）という設定をしているところが多いのですが、当社では歩合制度は取っていません。

かつては当社も歩合でやっていましたが、歩合制度だと、どうしてもパートさんは不利になってしまうし、場合によっては人間関係が悪くなることさえあります。

特に子どもを持って働く人は、子どもの病気や熱で休んだり、早退しなくてはならないことも多く、歩合だと給料が下がってしまいます。シングルマザーなど自分の給料だけで生計を立てている人は特に困ります。

それよりも毎月の安定した収入があったほうがいいと思い、思い切って歩合を廃止し、固定給としました。これについてはあとの章で説明します。

⑤残業をさせないシステム

これは子育て中のスタッフだけでなく、社員全員に対しての話なのですが、残業をしない、させないことを徹底しています。もちろん場合によってはどうしてもというときもあ

ります が、基本的に残業はありません。これは子どもを抱えて働く女性にとってとても重要なことです。

すでに述べたように、美容業界では常に新しい技術を習得するための研修や、商品や薬剤の勉強会を行うことが頻繁です。あるいは新人の場合は新人研修もあるし、ホームページやタウン誌に載せる宣伝用写真の撮影会などもあります。営業以外にもしなければならないことが思いのほか多いのです。

ところがこれらは、閉店後、あるいは定休日など、営業時間外に行うのが業界の〝常識〟です。

これを当社ではすべて営業時間内に行っています。毎週金曜日の午前中をこれらの業務に充てるのです。この時間帯にフィロソフィ勉強会、社長塾（これらについてはあとに述べます）、使用する薬剤や提供する商品などの勉強会、撮影会などを開催しています。

したがって当社では金曜日の午前中には基本的に予約をお受けしないようにしています。これによって残業ゼロが達成できています。

午前中に行うことで集中力も高まっていますし、能率も上がります。営業が終わって疲れているところに、研修や勉強会を行うのとは雲泥の差があります。

ただし、技術習得のための勉強会については、営業時間外に受けてもらいます。また当社で定めているライセンス習得のための受講料なども自己負担です。これらは資格取得にともない、「資格等級手当」が継続的に支給されますので、最終的には本人に還元されることになります。

経営者セミナーなどでこの話をすると、「営業時間を使って勉強会をするという決断がつかない」という声が上がります。特に店舗などの場合は、売上にダイレクトに響くわけですから、難しい場合もあると思います。

当社の場合も最初は大きな決断でした。しかし次回予約を入れてくださるお客様が4割を超え、経営に余裕が出てきてからは、きわめてやりやすくなりました。

もちろん営業利益を無理に削ってまで実施する必要はないでしょう。営業時間内に行うことが難しければ、残業手当を出して行うという手もあると思います。

⑥子育て支援

18歳未満の扶養家族のいる正社員は、高校、専門学校、短大、大学などの進学において、入学一時金手当、教育手当を在学期間中に支給します。これは勤続年数が10年を超える社

出産後も女性が働き続けられるシステム

1 雇用形態

正社員のまま5時で帰れる「ショートタイム制度」を選択することも、パートとして復帰することもできる。

2 就労時間・休日

正社員は、ショートタイム制で残業なしで早く帰れる。パートは、時間も休みもその人に合わせることができる。さらに、子どもの急な発熱や学校行事の参加などは、いつでも休める体制を整えている。

3 託児所の完備

従業員専用の社内託児所を設置。利用できるのは社員もパートさんも含めたスタッフ全員。完全無料。

4 給与保証

給与体系は社内規定の資格等級によって決める。当社では固定給。歩合制は取っていない。

5 残業をさせないシステム

社員全員に対して、残業をしない、させないことを徹底。また、研修や勉強会、撮影会などは、すべて金曜日の午前中の営業時間内に行っている。

6 子育て支援

18歳未満の扶養家族のいる正社員は、高校、専門学校、短大、大学などの進学において、入学一時金手当、教育手当を在学期間中に支給。勤続10年を超える社員が対象。

員が対象です。

子どもを持つ親にとって、進学資金の準備は大きな問題です。子どもの将来の選択肢を狭めてしまわないためにも、資金面での援助を行っています。

応援しようとする社内の雰囲気をつくる

さて、こうして働く女性の条件や設備をいくら整えても、それを応援する「社内の雰囲気」がないと人は残ってくれません。

「子どもが熱を出すたびに早退しないといけないのだが、それを非難されて、耐えきれず辞めてしまった」

「『あの人は毎日3時で上がれて気楽でいいわね』と聞こえよがしに言われて、いたたまれなくなった」

こういった話をよく耳にします。しかし、こういうことは子どもがいない人にはなかなか理解できない部分でしょう。これについては、上司やリーダー、および経営側がしっかり説明を行うことが大事だと思います。

私の場合は、このような説明を行いました。

「○○さんは今までとは違い、時間短縮の働き方になるが、どうか理解をしてほしい。先輩たちの仕事を引き継ぐことで、みんなの給料がアップしているわけで、ここはお互い様という気持ちを持ってほしい。先輩の姿は自分たちの将来でもあるのだから」

「人を気持ち良く応援するということは、自分が気持ち良く応援されることなんだよ」

このように私が自ら一人一人にしっかり伝えていきました。

ありがたいことにみんな理解してくれて、子どもを持って働く人、また産んでから復職してくる人を温かく迎える雰囲気が生まれています。

精神面でのバックアップも考える

こうした柔軟性のある雇用体系にしていると、さらに良いことがあります。

たとえばかつてはリーダーや店長など、上司だった人がいったん辞めて、パートとして再び入店してくるということもあるわけです。

後輩だったスタッフとしては戸惑う部分もあるでしょうし、上司だったスタッフは、自分のかつてのお客様を後輩が担当していることもあり、こちらも困惑があると思います。そのあたりの精神的なフォローも、やはり経営者がしっかり行うべきだと思っています。

当社の場合、その第一号となったスタッフにはこのように説得しました。

「うちは会社として、リーダーとなれる人材を育成するという目標があるが、そのためにひと役買ってほしい。これは経験のあるあなたでなければできないことだから」

彼女はそれをよく理解してくれて、経験者の立場からサポート役に回ってくれました。お客様に対してメインではなく、サブ的な立場で、アドバイスをしたり、技術的なフォローをしてもらったわけです。

それは非常にうまくいきました。これにより他の復職者もそれにならい、システムとして確立することができました。

ロールモデルができると次が続く

先ほど社内託児所の話をしましたが、これには裏話があります。

託児所をつくったのはいいけれど、最初は利用するスタッフが全然いなかったのです。

従業員のための託児所なのに、利用はお客様のお子さんの一時保育ばかりでした。

なぜうまくいかなかったかと言うと、当時はまだ「産んだら辞める」のが当然の風潮だったからです。いきなり託児所ができたからと言われても、みんな戸惑ってしまったのでしょう。

そこで一計を案じました。ちょうど妊娠中のスタッフがいたので、彼女に「産んだらぜひ戻ってきてほしい」と声をかけたのです。奥さんばかりを口説いてもダメだと思い、旦那さんにもお願いしました。彼女自身もずっと働きたいという思いがあったとのことで、気持ち良く了承してくれました。

結局、彼女は出産後、1年も経たないうちに復職してくれました。彼女が託児所の利用第一号、168ページに登場してくれている駒井真由さんです。彼女は当社ウェブサイトの「リクルートページ」にも仕事ぶりが紹介されていますので、よかったらご覧ください。

彼女が前例をつくってくれたことで、その後は「出産後に復帰する」という人が急に増えました。「ああ、産んでも働けるんだ」ということが、みんな実感としてわかってくれたのだと思います。

前述の「産んだあとに仕事に戻る」件もそうなのですが、まずはロールモデルをつくるということが重要になると思います。特に女性は実例があることで安心して働けるのです。

おもしろい現象としては、このようにして「出産後も働き続ける」ということが認知されたことで、一気に社内における出産年齢が早まりました。「出産というライフイベントはなるべく早めに行って、早く復職しよう」という暗黙の了解のようなものができ上がった感じです。

経営者としては「何もそんなにいっぺんに……」という思いもありましたが、少子高齢化社会に子どもが増えるのは喜ばしいことですし、何より子どもを産んで活き活き働いているスタッフをとても誇らしく思います。

またこれによって当社は離職率がグンと下がりました。ずっと目指してきた「辞めない会社」から「辞める必要のない会社」へ、ついにそれが実現できたのです。

予約をコントロールして労働時間を短縮する

残業をしない、時短勤務ＯＫと言うと、決まって「お客様商売でそんなことが可能なのか？」と聞かれます。

それについてはある方法で対応しています。それこそが「予約のコントロール」です。コントロールという言い方よりも、もしかしたら「予約の工夫」と言ったほうがいいかもしれません。

当社では、お客様がお帰りになるときに、「次はこのぐらいのタイミングでいらっしゃってはいかがでしょう？」と、次回の提案をさせていただきます。そこで次回の予約をいただければ、こちらのスケジュールが立ちます。

ほとんどの美容室ではお客様がお帰りになるとき、次回予約の話をしません。「そういうのは日本になじまないから」とおっしゃる方もいるのですが、歯医者さんに行くときは、誰でも必ず次回予約を取りますよね。それを考えたら次回予約を取りつけるのは無理なことでも何でもないと思います。

そして予約を上手に埋めていきます。たとえは変かもしれませんが、ゲームのテトリスのような感じで上手に予約を詰めていくのです（61ページ図）。そうすればその分、労働時間（店に詰めている時間）が短縮できるわけです。

次回予約をいただくためには、インセンティブづくりが大事です。

ただ単に、「次はいつになさいますか？」と聞くのではなく、たとえば白髪染めならばどのぐらい経つと根元の白髪が目立ってくるとか、カットであればどのぐらいスタイリングが持つとか、「美しさの賞味期限」についてあらかじめ伝えさせていただくのです。

さらに、お帰りの際に次回予約を取っていただけた方は、トリートメントサービスをつけるといった予約特典をつくっています。通常のシャンプーにプラスして、トリートメントをさせていただくというものです。

また次回の来店のご案内をＤＭやメールなども使って仕掛けてもいます。

そうすることでお客様は得をするし、美しさを維持できるし、こちらもコンセプトがしっかりかなえられるし、かつ先の予約が入るので我々の休みも取りやすいし、出勤時間も柔軟にできます。いいことずくめです。

今、当社では次回予約率が65％くらいになっています。これは一般の美容室に比べるとはるかに高いと思います。

この次回予約こそが、出産を経ても働き続けることのできる大きなよりどころとなっています。次回予約によって時間の見通しが立つわけで、これがあるから成り立つのです。

この「時間の見通しが立つ」というのは、美容業界に限らず、女性が働く場合にはきわめて大事なキーワードになると思います。

予約の上手な埋め方

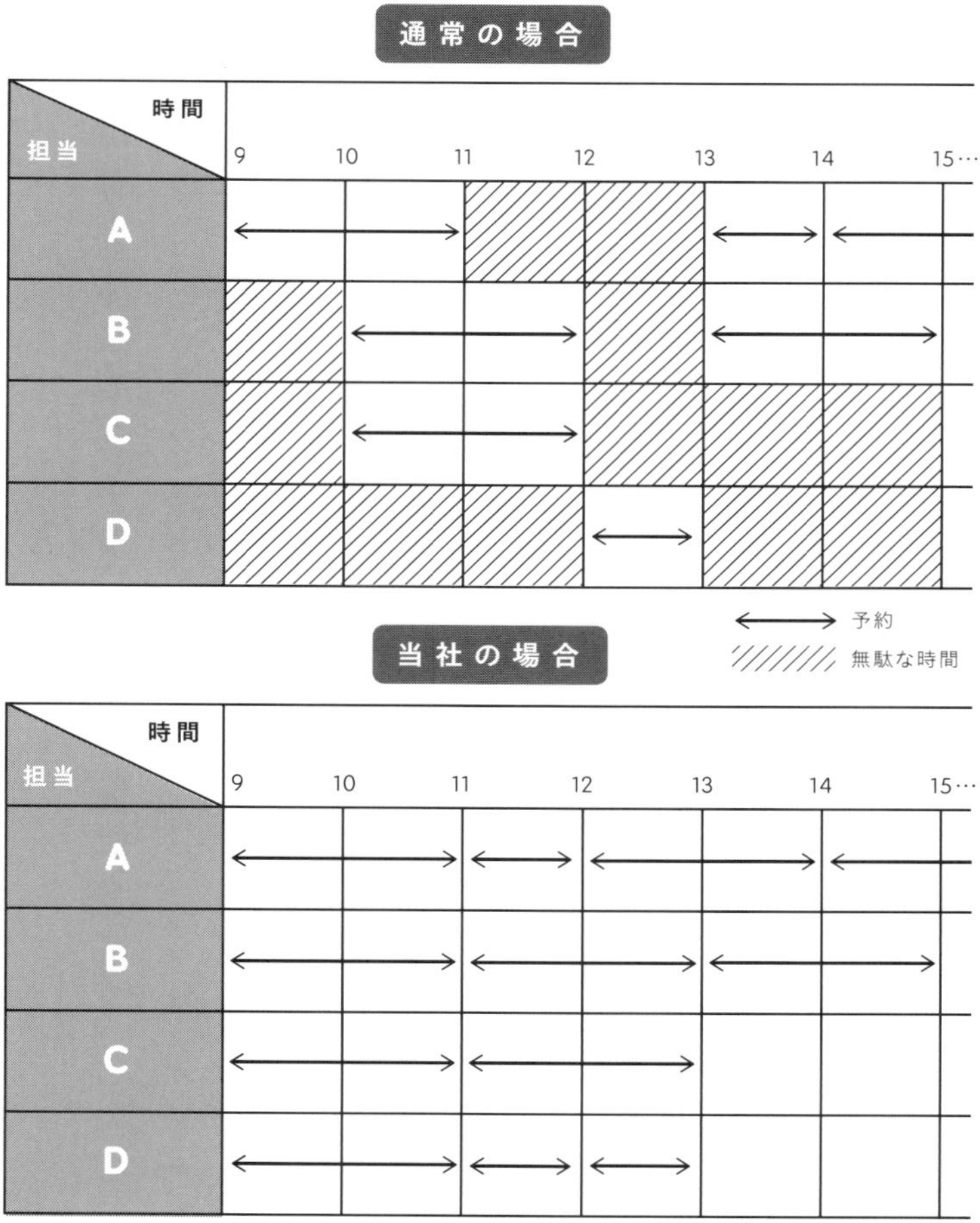

無駄な時間をつくらないことで生産性を高める

合理化はお客様にもスタッフにも利益になる

労働時間の短縮のために、なるべく短時間で仕上がるようにシステムの見直しと技術革新も行いました。

たとえば、主力メニューであるカットとカラーリングは、通常なら2時間半から3時間はかかります。それを当社では、1時間半で完了します。どうすれば時間を短縮できるか考えて、そのための技術を開発しました。

施術の流れの見直しはプロローグで述べた通りです。

それまではシャンプーして、カラーリングして、カットして……という従来通りの方法、自分が教わった通りの方法で行っていたのですが、「本当にこれでいいのかな」と疑問を持つところから始めました。それでやり方を見直し、自分で考えて、徹底的に合理化していきました。

こうしたシステム、技術面での工夫があってこそ、労働時間の短縮が達成できたのだと思っています。

かつての旧態依然とした業界にどっぷりつかったままの私では、決して発想しえなかったことです。

お客様には十分な説明とサービスで対応

サービス業において時短で働くということは、そのお客様の予約をスタッフの労働時間内で終了するような工夫も必要です。

しかしお客様のご都合によっては、どうしてもスタッフの時間と合わないことが出てくるわけです。

ですから当社の場合は、お客様を担当するときに、こちらの事情を正直にお話ししてご理解をいただいています。

お客様の予約が3時で、スタッフの勤務が4時で終了だった場合、施術が4時に終わらないこともあります。その場合はご理解をいただいた上で、メインの部分は担当者が行い、その後はサブの担当にチェンジします。サブの担当者もチームとして、日頃からそのお客様に接しているので、交代はスムーズです。

また、当社の場合、メインの客層が〝主婦層〟であることも大きいと思います。主婦が働くためには、時間の使い方が同じ主婦を相手にするのが一番です。これが都会で、主な客層もＯＬさんやサラリーマンとなると、夜遅くまで営業しなければならないし、今の当社のスタッフでは対応が難しくなってくるでしょう。

その意味では、当社ではまず従業員の幸せを優先に考えます。従業員が主役なのです。主役が幸せでなければ、人を幸せにできません。経営者は従業員第一主義で、スタッフはお客様第一主義です。

特に美容師は人を美しくして、人生に付加価値をつける仕事です。自分がボロボロでギリギリの生活をしていては、人の美しさをつくるなんて無理です。

「そんなシステムでは予約が取りづらくて、お客様が逃げてしまうのではないか？」と聞かれたこともありますが、実際はここで言うほどには予約が取りづらいということはないですし、それについての苦情もありません。

ただそれでも、お客様に予約の件で多少不自由をおかけするかもしれないので、そこのところはお礼の気持ちとして手間ひまをかけてやらせていただきます。それは常にスタッフにも徹底していることです。

家族の理解も必要不可欠になる

子どもを持つ女性の雇用で欠かせないこと。それは〝家族の理解〟です。

家族の理解が得られない中で女性が働くのは非常に難しいことだと思います。

たとえば旦那さんが、「子どもが小さいうちは母親はなるべく一緒にいてあげてほしい」と考えていたり、おしゅうとさんが「小さい子を預けて働くのは好ましくない」という考えの持ち主であったりする場合です。

私たちの親の世代というのは専業主婦が多く、子育てする間は家にいるのが当たり前という意識がまだあるのです。

当社は改革の末、「結婚・出産で辞める必要のない会社」を達成できたと思っていますが、職場環境云々とは別に、「母親が働くのは反対」という意見の人はいるものです。地域によって違いがあるかもしれませんが、山梨は地方都市ということもあり、女性が婚家の考えに左右されるという面は結構強いほうだと思います。

もちろんそれに対して「今どきそんなことはおかしい」「考え方が古い」と反論するこ

ともできるのですが、そういうやり方で強行突破しても、あまりいい結果が得られるとは思えません。経験上からもそれは言えます。

スタッフから、「家族の理解がなかなか得られない」と相談を受けることもありますが、「うまく合わせることも必要だよ」とアドバイスしています。

やはり家族だから仲良くしてほしいし、家庭内がギクシャクしていると仕事にも影響が出ます。婚家の考えを尊重することも大事だと思うのです。

経営側の判断として、とにかく家庭の事情や子どもの事情については、できるだけ柔軟性を持って配慮してあげることが必要です。家族の了解が得られないなら、一時的に休職、離職ということも受け入れなければいけないと思います。

「女性社会」と言うけれど、それは結局、男性がつくった女性社会なのです。女性がつくった女性社会ならよいのかもしれませんが、現実はそうではない。であれば、男性が女性に合った女性社会をつくってあげないといけないと私は思います。

「Aさんは9時から4時までの勤務なので、それに合わせてください」というのではなく、Aさんの事情に合った働き方を提案する。またBさんにはBさんの事情に合った働き方を提案する。それが柔軟性ということです。

男性の場合であれば、仕事をするということに対して、家族が全面的にバックアップします。だから時間も「9時から5時までお願いします」と言えます。「家族が父親が働くことを喜んでいない」なんてケースはありません。あるいは「子どもがいるから4時に帰してください。子どもが熱を出したら休ませてください」という人は父子家庭など、よほどの事情がない限りはいません。そこが〝働くお母さん〟と違うところです。

柔軟性のある職場をつくる

前述のように、当社では「ショートタイム制度」と呼んでいますが、早帰りができるなど労働時間に柔軟性を持たせています。

ここでも制度をつくるだけではだめで、大事なのは職場の雰囲気づくりです。

家庭もあって子育てもして、さらに仕事もするというのは大変なことです。子どもが急に熱を出すなど、自分以外の理由で勤務が不安定になることも多いものです。

本人にわがままを言うつもりはなくても、はたから見ればわがままに映ってしまう部分がどうしても出てきます。そこを理解してあげることが、経営側に求められることだと思います。

「すみません、子どもが熱を出したので休みます」「早退させてください」と言ってきたときに、「いいよ、いいよ」という空気をつくることです。「そちらを優先して大丈夫ですよ」と気持ち良く対応します。

もちろんそういう働き方をすると、その人の労働時間は制約されるかもしれないけれど、経営者は目先の損得で考えないほうがよいのです。収益についてはあとに述べる採算表で見ればいいのです。

あまりルールに縛られると、きれいごとで終わってしまいます。柔軟性のない職場では女性は決して働き続けられないと思います。

再雇用のシステムも整備しておく

今まで紹介したのは現在働いている従業員に対しての取り組みですが、今後はより優秀な人材を確保するために、一度辞めていった人たちを再雇用する仕組みをつくっていかなければいけないと思っています。

最近では扶養控除の見直しも検討されています。働きたいと思う女性は本当にたくさんいるので、経営者としてはここに着目しない手はないと思います。

特に美容師や看護師などの資格を持った女性、あるいは専門技能を持った女性は、結婚・出産で一度家庭に入っても、子どもの手が離れたら再び働きたいと思っているケースが多いのです。

せっかくの美容師免許です。国家資格を活かしたいと思う人に対して、できるだけ待遇の面でもフォローしてあげられるような仕組みをつくっていきたいと思います。

まだ着手していない状態なので、明確なビジネスモデルを提示できないのですが、もう少しハードルを低くする方向で展開を考えられないかと思っています。

たとえばひとつの展開としては「カラー専門サロン」などを考えています。カラーリングの専門店であれば、パーマやカットに比べて技術的なハードルが低いわけです。

他にもまつ毛パーマやエクステサロンなども考えられると思います。これらは美容師免許がないと施術することができないものです。

子育てに区切りがついて、再び社会復帰する人たちが「美容師免許を持っていて良かったな」と思ってもらえるような場所を提供したいのです。それは業界全体を良くしていくという当社の経営理念にもつながると思っています。

最近はダイバーシティ（＝多様性）ということが言われます。企業も多様性を持って柔軟に対応する力が求められると思います。

Amemiya's Talk

コンパは重要

当社では研修や勉強会とは別に「コンパ」を行っています。これは月1回、店舗ごとに行うもので、私もなるべく参加します。私が出られないときは上長が出席します。

食事をしてお酒を飲みながら、「ぶっちゃけ、こうじゃないですか」みたいな話を私や上長にざっくばらんに話せる場をつくろうということで始めました。

これは基本的には営業時間外に行いますが、小さい子どもがいる人が多い場合は、昼間の時間帯に行います。その際、パート職にはもちろん時給を払います。

そこで出る話はごく普通の雑談で、「子どもの好き嫌い」とか「どこの塾がいい」とかそんなものです。旦那さんやおしゅうとさんの愚痴が出たりもします。内容はどうであれ、私としてはこういう機会を定期的に持つこと自体が大事だと思っています。

従業員の様子がわかるし、何か問題があっても私に言いやすい。こちらから察知してあげることもできます。

仕事の場だけでは表に出てこない部分を、このコンパでフォローすることができるのです。私自身も毎回楽しんで参加しています。

シングルマザーへの支援も大切なテーマ

最近はシングルマザーが増えてきています。これも社会の流れのひとつなので、今後はそういう人たちへの就労支援ということも考えていかないといけないと思っています。

すでにスタイリストとして自立できるレベルに到達していれば、当社の今のシステムで何の問題もなく働いてもらえますし、生活も成り立つはずです。問題はまだ一人前とは言えないアシスタントの人です。つまり若いうちに結婚・出産して、まだ十分な経験がないというケースです。

そういう人たちには働きながら、技術を習得してもらえる支援制度が必要だと思っています。たとえば奨学金のような形で支援して、その後、当社でしっかり活躍してもらうことで還元してもらえばいいと思います。

これもやはり正社員を対象として考えています。その人には先行投資をすることになりますが、これも会社が成長を続けているからできることです。利益を互助会のような形で運用するわけです。

最近ではシングルマザーの貧困とか、子どもの貧困といったことが社会問題となっています。ひとつの会社でできることには限りがありますが、少なくとも当社で働いている人には貧困で子どもの未来に制限をかけることがないよう、できるだけのことをしてあげたいと思っています。

時短だけでなく給与を増やす提案もしていく

シングルマザーの支援を考えるとき、時短というばかりでなく、逆に給与を増やすことも必要だと思います。

たとえば子どもが大学に入学して、大きなお金が必要となることもあるわけですから、そこにきめ細かく対応していくということです。

今までは徹底して時短と売上の最大化を意識してきましたが、それとは違う方向で、給与自体が増額できるような働き方を提案することもできると考えています。

現場でキャリアを積んで、本人にその気があれば、技術レベルや店舗の業績に応じて給与を増額したり、本部の事業部に抜擢するなどといったことです。

そうやってシングルマザーもやる気次第で出世できるようなシステム、ナレッジワークに移行できるシステムを将来的に考えています。

当社で起こっているある特異な現象

最近では当社のこうした取り組みが多少知られるようになってきたようで、ちょっと珍しい現象が起きてきています。

それは結婚を機に、他の美容室から当社に転職をしてくるケースが増えたことです。結婚・出産を経て働き続けるのが困難な美容業界において、当社ならそれが可能だということで、当社で働きたいと名指しで応募してくれるのです。これは素直にありがたいことだと受け止めています。

そういう人たちに面接で話を聞くと、やはり撮影や研修などは、営業時間外に、自分の時間を使って行うのが一般的で、それが一番つらいと言います。

環境さえ用意すれば、本当に皆さんしっかり働いてくれるし、技術も確かなわけです。美容業界に限らず、日本には多くの〝能ある女性〟が雇用機会を事前に失っていることを私はとても残念に思っています。

有名スタイリストが入店してくる理由

当社は仕事を求める女性に広く門を開くという意味では、カリスマ美容師、スター美容師を揃えたサロンとは対極的なところに位置すると思っていたのですが、最近はここにも思わぬ変化が訪れています。

都内有名サロンで経験を積んだ実力派が入ってくるようになってきたのです。その人たちは公の場では華々しく活躍していても、やはり自分の人生があるわけで、将来のことを見据えると、長く働けそうな会社に移りたいと言うのです。

一般論として、有名サロンは独立志向の高いスタッフが多いし、入店希望者が多い分、「去る者追わず」「能力のある者だけ残ればいい」という経営スタイルを取っているところが多いのです。その現状を見たときに、自分が将来、結婚して出産したらどうなるのかと、不安になってしまうというのです。

そういうスタイリストが当社に移ってきてくれるのはありがたいのですが、当然、今いるスタッフとの技術格差が生まれるわけです。しかしそういう人たちは〝共存共栄〟という、当社の理念に共感して入ってくれているので、技術講習や添削を行うなど、みんなのスキルアップのために尽くしてくれます。そういうところで自分の能力を発揮してくれるのはとてもありがたいことです。

だから最近は、会社全体の技術レベルがめきめき向上してきているのを実感します。意図していなかったことですが、これもいい循環だと思います。

PART 2

女性の特性を生かした経営

女性の特性を知る

経営者セミナーでは、このような話もよく出ます。

「女性の扱いは難しい」

「女性の考えていることが理解できない」

「女性特有のトラブルを円滑に収めるにはどうしたらいいのか」

悩んでいる経営者はもちろんすべて男性です。女性をどう扱っていいのかわからないという経営者は少なくありません。

私がいつもお話するのは、まず「女性の特性をつかむ」ということです。やはり男性と女性は違いがあります。男性にはわかりづらい部分を〝知識〟として理解することで、その差を埋めることができるのだと思います。

女性は働き者で優秀です。大手企業の面接官は口を揃えて「男子学生より女子学生のほうが優秀」と言います。男子学生には下駄をはかせて採用しないと、女子学生ばかりになってしまうというのです。

同じことが某進学校でもあります。その学校では男子と女子それぞれに定員を設けているのですが、女子のほうが明らかに平均点が高いそうです。だから別々に採らないと女子の数が多くなってしまう。補欠合格者は男女関係なく採るのだそうですが、やはり女子が優勢だそうです。

女性には男性が理解しづらい部分もあるけれど、そこをうまくフォローすることによって、男性にはない特性、本物の実力を発揮してくれるのだと私は思っています。

女性社会で苦労してつかんだこと

私は18歳で仕事を始めたときから、ずっと女性と向き合ってきました。

プロローグでお話したように、高校まで剣道部という男社会で育ってきた私には、女性社会はちょっとしたカルチャーショックでした。修業先で女性同士の嫉妬やいじめに苦しんだ話はすでに述べた通りです。母の経営する店に戻ってからは、母とのバトルです。これも前にお話しました。

親子が一緒に働いていればケンカになるのも当たり前と思われるかもしれませんが、それ以上に、母の言葉ではなく感性で物事を判断するところ、論理の裏づけのない部分が、私にはついていけませんでした。

これは私だけでなく、多くの男性が女性に対して持つ疑問ではないかと思います。ただ、ずっと女性社会で仕事をしてきて、今では女性の特性・特長を理解し、自分なりに女性の資質を生かした人材活用ができているような気がします。

ではここから、私の経験の範囲ではありますが、女性の特性を要点にしてまとめてみましょう。

女性の特性1 コミュニケーションが何よりも重要

女性の場合、面接をしていて「なぜ美容師という職業を選んだのですか？」と聞くと、「人と接するのが好きだから」「人に喜んでもらいたいから」という答えが圧倒的に多く返ってきます。面接を受ける人のほとんどがこう言います。新卒の子も中途採用のベテランの人もです。

これには驚きました。私自身、人と接するのは好きだけれど、それを仕事と結びつけて考えたことがなかったからです。

実際に男性に同じ質問をすると、「自分の店を出したいから」とか、「この世界で成功したいから」などと答えます。男性と女性では明らかに違います。

では何が違うのかなと思うと、女性は本能的に「コミュニケーション」を求めているのです。女性は「ねえねえ、聞いて」と話すことが好きです。ランチタイムなどでも、取りとめのないおしゃべりをずっとしていて、それが楽しいのだそうです。お客様も同じで、スタッフとのおしゃべりが楽しいからと言って来てくださる方も多いのです。

逆に言えば、女性はコミュニケーションがしっかり取れていないと不安になってしまうのです。

私が心がけているのは、できるだけ〝1対1〟で話をすること。スタッフを前に私が話すというのではなく、1対1で相手の話を聞くのです。

当社ではあとに述べるように、社長塾という勉強会を開催していますが、そのあと「ちょっとお話があるのですが……」と相談を持ちかけられることもあるし、私自身もできる限り各店舗を回って、一人一人と話をすることにしています。

話と言っても、改まってするのではなく、「最近どう?」などと声をかけて、ちょっと雑談をする程度ですが。

もちろん「相談がある」と言われたときはきちんと席を設けます。店舗が異動になったときとか、中途で採用した人に対してなどは、よく気にかけて見ていて、場合によっては食事会を持ったりもします。

また家庭を持って働いている人のことも常に気にかけています。「子どもさん、何歳になった？」「風邪治った？」など、家庭や子どものことをよく尋ねます。家庭や家族に何かあると仕事に集中できませんから、「何かあったらすぐ相談に乗るよ」という意味合いを込めて話しかけます。

ただ、最近は店舗数が増えたこともありますし、新規出店の計画も続々とあるので、なかなか全店舗を平均的に回ることができません。

しかしリーダーとはよく会いますから、何か問題があったときはすぐに私の耳に入ります。また託児所が本社に併設されているので、子どもを預けているスタッフとはよくここで会うので話ができます。

1対1で話を聞くときに心がけているのは、できるだけ親身に、その人の立場に立って話を聞くということ。悩みや問題があるならば「そうだね、大変だね」と共感して聞きます。場合によっては柔軟性をもって対応します。

たとえば旦那さんが長期で病気療養をしているスタッフの場合は、それなりの配慮をしたこともあります。

1対1で話すときは「全員を特別扱いしたい」と思っています。もちろんパーフェクトにできているわけではありませんが、そういう思いで接していると、信頼関係というものができてきます。女性との信頼関係は常にコミュニケーションから生まれると私は思っています。

そうすると相手も「社長が私を応援してくれているから、私も応援しなくては」とか「ちょっと無理しても社長を助けなきゃ」という考えを持ってくれるのです。

この1対1のコミュニケーションをしっかり取ることは、会社としてのまとまりにもつながってきます。

これとは逆に、各種会議や報告会など、〝1対全員〟で話すときは、社としての方向性や理念など、〝大きな話〟になります。経営理念を実現するためには頑張ってこれをやろうとか、何のために新規出店を達成するのかとか。

こういう話を、日頃は遠い存在の社長さんが出てきて、いきなり始めても、女性はなかなか受け入れてくれないのです。やはり日常的にコミュニケーションを取っていて、自分のことをわかっている社長だからこそ、大きな話、会社の方向性の話も聞き入れてくれるのだと思っています。

女性の特性2 競争を好まない

一般的に女性は競争を好みません。中にはライバル心をむき出しにする肉食系女子もいますが、それは少数派で、基本的には競争を嫌がります。

男性は本能なのでしょうか、闘争的なタイプが多く、「あいつよりもっと稼ぎたい」「あいつがライバルだ」といったように仕事にも競争を持ち込みたがります。「企業戦士」という言い方もありますね。

でも女性は違います。女性は職場において、何を求めるかと言うと「競争」ではなく「協調」なんです。

同じ職場で働く人は「ライバル」ではなく、「協力し合う仲間」。人間関係をとても重視するので、競争することによって関係がギスギスするのが嫌なのです。誰かを蹴落として自分が上に立つというのも好みません。

男性の場合は、士気を高めて、業績を高めたいというときには競争原理を取り入れるというのもありかもしれませんが、それは女性には向きません。女性の場合は「この数字を達成するためにみんなで同じ方向を向いて協力し合おう」という流れに持っていくことが大事だと思います。

女性の特性3
感情的で感覚派

よく言われることに、男性は理性的で論理派であり、女性は感性が豊かで感覚派であるというものがあります。

長所と短所ということでは、女性は感情的で感覚的だと思います。男性は理性的で論理的だと思います。

たとえば会社の方針で、「これからはこういう方向性で行きます」ということになったが、それに対してスタッフが抵抗感を持つとします。

でもそこで男性は、「仕事だから仕方がない。ここは我慢が大事だ」と冷静に対応します。

ところが女性は、変化に対して感情が邪魔するんですね。それでなかなか切り替えがつかないところがあります。

女性の特性4

変化を好まないが、変化には強い

これは「特性3」にもつながるのですが、女性は順応性が高いので、変化を好まないけれども、変化に強いと言えます。一方、男性の場合は変化を好むけれども、意外に変化に対しての耐性が低く、順応性がありません。

たとえば、女性はお嫁に行って婚家に比較的すぐに順応できます。これが男性だと、婿に入って婚家に慣れるのはなかなか難しいのです。婿入りをする男性が極端に少ないのは、それも理由のひとつとしてあるのだと思います。男性は自分の物差しというか、主張があるから、なかなか新しい環境や変化になじめないのです。

会社の場合、たとえばワンマンな経営者がささいなことで白を黒だと言い出したとします。すると男性は「それはどう考えても黒だろう」と理詰めて反論してきます。ところが女性は「そんなどうでもいいことは適当にあしらっておこう」と考えて、「そうですね、それは黒ですね」と、相手に合わせてくれる懐の広いところがあります。

また女性は最初は嫌がるけれど、いったん変化を受け入れれば、その後は上手に流れに乗れます。たとえば、会社の中でシステムを変えようとしたり、新しい取り組みを提案するとき、最初、女性は結構抵抗をしてきます。でもすぐに順応性を発揮して「じゃあ私たち、その方向性でやります」となってくれるのです。そこは経営者の我慢のしどころでもあります。

女性の扱いが難しいというのは、経営者がそのタイムラグをどのくらい我慢できるかということだと思うのです。収まるまではある程度、時間を取ろうという気持ちが必要なのです。そのタイムラグの間は、あえて顔を出さないようにすることもあります。

そこでいい結果が出たときには必ず、「〇〇さんが頑張ってくれているからこういう結果が出たんだよ。良かったね。ありがとう」というように、その人をきちんと評価してあげることです。それはもう絶対に必要なことです。そうすると、その人はもっと頑張ってくれます。

この「我慢」と「評価」は女性活用において非常に重要なことだと思っています。

女性の特性5

人間として惚れないと動かない

女性は男性と違って、経営者や上司に対して、〝人間として〟惚れないと動きません。

男性は合理性を追求しますから、「この上司は尊敬できない」と内心思っていても、とりあえずそれはそれと割り切って、自分の仕事に取りかかるところがあります。

ところが女性は、そこを切り離して考えることをしないのです。経営者や上司の人となりを見て、その人の人間性に疑問を持ってしまうと、仕事へのモチベーションが一気に下がってしまいます。

プロローグで述べたように、私が母の入院で急遽店を任された当時は、経営者としてどう振る舞えばいいのかまったくわかりませんでした。若かったこともあって、ワンマン経営しかできなかったのです。「これやっといて」など、指令は全部トップダウンでした。

そんなことで女性スタッフがついてくるはずもありません。スタッフは表面上は「はい」「わかりました」と従ってくれていましたが、心の中ではそっぽを向いていたと思います。

そんなときに盛和塾で稲盛さんから聞いたのが、「従業員を惚れさせせんでどうするんだ」

という言葉でした。「経営者たるもの、人に惚れられるような考え方を持って行動しなさい」という経営哲学を稲盛さんは持っているのです。

それを聞いたときは、かなりのショックでした。「ああ、僕は惚れられていないんだな」と痛烈に反省しました。それまでそんな考え方をしたことがなかったのです。

それからは少しでも人に慕ってもらえる人間になろうと思い、自分なりに努力を重ねました。すると1人、2人と、人が私についてきてくれるようになりました。もちろん今も完璧にできているとは思っていませんが、努力は続けているつもりです。

その後、少しでも女性が働く環境を良くしていこうと考えるようになったのは、この言葉があったからこそです。

女性の特性6 パートナーに合わせようとする

女性は共感力が強く、パートナーに合わせようとする傾向にあります。

ここで言うパートナーとは、旦那さんの場合もありますし、お客様の場合もあります。

この特性は相手に寄り添い、相手に心地良い環境を提供できるという意味においては、サービス業にはとても向いているのです。

しかしその反面、パートナーに影響されすぎるという点もあります。たとえばお客様の立場に寄りすぎてしまって、自社の利益を損なうという事態もありえます。あるいはお客様のネガティブな意見に引きずられることもあるでしょう。

旦那さんについても同じです。たとえば旦那さんが「奥さんには早く家に帰ってきてもらいたい」と考えるタイプだと、なるべくそうしてあげたいと思うのが女性なのです。これは前章で述べたことにもつながるのですが、そうした特性があることも汲んだ上で、経営者は柔軟性のある対応をすべきだと思います。

女性の特性7 売上より経費を抑えることが得意

これはあとに述べる経営的なことにも関わってくるのですが、ちょっと失礼ながら、女性は一般的に数字が得意ではありません。

当社では店舗別に採算表をガラス張りにしているのですが、そこで会計の話をすると、思考停止に陥る女性スタッフは結構います。これは当社の主体が美容師という職人の世界ということもあるかもしれません。

また女性は売上を伸ばすことより、どちらかと言うと経費を抑えるのが得意です。これは女性の大きな強みだと思います。

たとえば新しい技術を導入しようというとき、男性は「それをやるならこれこれこういう道具がないとできません」と言うのです。でも女性は「そんなのは新しく買わなくてもできます」と言って、あるもので工夫して上手に切り抜けることができます。

料理をするのに、男はレシピ通り、一から材料を揃えてダイナミックな料理をつくろうとするけれど、女性はなければないなりに、冷蔵庫にあるもので上手に置き換えをしてつくることができます。それと似ているかもしれません。

これも経営面に上手に生かしていくことができる特性だと思っています。

私が女性を中心に雇用しようと決めた理由

以上、私が考える女性の特性・特長を挙げてみました。

これらの中には男性にはいささか理解しがたい部分もあるかと思います。しかし一見ネガティブに思える部分も、角度を変えてみれば長所に変わるわけです。そこも含めて上手に活用することで、女性の持つ能力が開花するはずです。女性がいかに輝くステージを用意できるかが経営者の腕の見せどころだと思っています。

「なぜあえて女性を雇用するのですか？　最近は男性の美容師も増えているのだから、男性をもっと活用すればいいのでは？」という意見もあるかもしれません。

確かに男性美容師中心のサロンもあります。しかし男性の雇用リスクというものもあります。それは独立志向が非常に高いことです。

プロローグで私が経営に乗り出したとき、どんどん人が辞めていってしまった話をしました。あれは全員が独立開業を志す男性美容師でした。もちろん個人的に考えれば、彼らの将来のために独立は応援したいことですが、経営者の立場で見た場合、雇用の安定性という意味でのリスクとなってしまうわけです。

そうであれば、精神的にも成熟の早い女性を中心で行こうと決めました。結果的に再就職を希望する女性の受け皿となるなど、社会的貢献にもつながり、この選択は間違っていなかったと思っています。

もちろん男性スタッフを採用しないというわけではありません。当社には多くはないけれど男性スタッフもいます。彼らは非常に有力な存在となって働いていてくれていて、私も彼らを大いに信頼しています。

悪口のない会社をつくる経営者の一貫性

女性の特性ということとはちょっと違うのですが、常に意識しているのが職場の雰囲気を良くするための啓蒙です。

大きな問題は、悪口・不平不満といった類。悪口を言う人がいると、職場の雰囲気は一気に悪くなります。これはコミュニケーションを大事にする女性の職場では特に顕著です。

私の思いとして、誰かを非難するような文化を社内からなくしたいと思っています。誰かを下げることで、自分を上に見せることを学習してしまうと、それはずっと続いてしまうし、他のスタッフにも伝染します。それは最後には店の雰囲気、サービスに出ます。

たとえば私に対しても、悪口というか告げ口をしてくる人がいます。

「社長、聞いてください、○○さんがこんなことを言うんです」とか「○○さんはこういうことをするからみんな迷惑なんです」といったように。

でもそこで、その子に対して「悪口を言ってはいけない」「悪口は良くない」と言って正面から拒否するのはいい対応ではないと思います。私がそこで拒否しても、その子は別のところで発散するだけなんですね。その人の思いや不満を受け止めることも、私の仕事として大事なことと思っています。

気づいたことは、人の悪口を言う子は、よそで私の悪口も言っているということです。自分の不満を誰かの悪口を言うことで発散する、誰かの悪口を言うことで自分を承認してもらうという方法を学習してしまっているのですね。だから、その循環を止めてあげないといけないと思うのです。

社長である私の悪口を言うということは、会社の悪口を言うことと同じです。でもそれも、社内にそういう雰囲気をつくっていた私がいけなかったのです。

では具体的にどのようにこの状況に対応したかと言うと、カギは私の態度でした。

まず相手が悪口を言ってきても、それに対して同調しないんです。そして当然ですが、悪口を言う子だって、いつも悪口やネガティブなことを言っているわけではありません。ポジティブなことを言うときもあるわけです。そんなときにすかさず「それいいね」「なるほど、そうだね」というように反応するんです。それを続けていくと、その子は自然と悪口を言わなくなります。

さらに私の一貫した意見として、「誰もが人から嫌われたくなくて好かれたいよね。だから私は悪口は嫌なんだ」ということをみんなにきっちり伝えるようにしました。これは言うタイミングがあります。その場が和んで、いい雰囲気のとき、ポジティブな流れのときに言うんです。

たとえば悪口を言っている人に対して、「僕は悪口は嫌いなんだよ」と正面から言うのはいい結果を生みません。これも自分がいろいろ失敗して、そこから学んできたことです。

ミラーリングで相手の思いを受け止める

相手が悪口やネガティブなことを言っているときに同調しないと言いましたが、それは決して無視するということではありません。相手も何がしか私に訴えたいことがあって言っているわけです。それを受け止める工夫も必要だと思います。

私が行っていたのは「ミラーリング」と言って、「こうだったんですよ」と言われたら、それを自分の言葉で変換して「こうだったんだね」と反応するということです。自分の意見は差し挟まず、その人の話を受け入れます。

ここで大事なことは、相手の言葉をそのままオウム返しで言わないことです。相手の言葉がきつい場合、そのまま返してしまうと、相手が不愉快に感じることがあるからです。自分の言った言葉でも、相手から返されることで傷ついてしまうのです。

だから少し変換することが大事です。

でもそこで「そうなんだ。それでそれで？」というふうに反応して話を膨らませることはしません。

逆に、たとえばAさんが「Bさんがこういう良いことをしたんですよ」というポジティブな話をしたとします。そういうときは「それで、それで？」と、できるだけ感情も込めて大きく反応します。

何を話すにしても、相手の反応があって、話が弾むと話しがいがあるというか、うれしいものです。そこでAさんに対して「Aさんは、他の人の良いところに気づくことができるからいいよね」とほめて返す。

するとAさんは、「そうか、そこが私のいいところなんだ」と自分の長所を認識します。そうやってAさんの長所をほめて、悪口に対しては受け止めるけれど、反応しないという態度を取っていると、Aさんはだんだん悪口を言わなくなります。

これは自分の経験から学んだことでもあり、いろいろな本を読んで学んだことでもあります。私も心理学の本をいろいろ読み漁ったのですが、自分が知らず知らずのうちに「傾聴」ということをしていたのには驚きました。傾聴とは積極的に相手を知るための聞き方で、カウンセリングの技法のひとつですが、私はそれを現場から学んでいたようです。

経営者は板挟みにならない注意が必要

私のように現場に近いところに身を置いている経営者は、スタッフ同士の軋轢の板挟みにあうことも少なくありません。

たとえばCさんから「私はこれだけやっているのに、Dさんはやってくれない」と言われたとします。Dさんはお客様とよく話してサービスも良いけれど、その間にCさんが掃除をしている。そうすると、「あの人はお客様とダラダラおしゃべりしてばかりで掃除をしない」とCさんに不満がたまるのです。

そういうときはCさんの思いをしっかり受け止めた上で、「人にはそれぞれにいろいろな役割がある」という話をして、コミュニケーションを取るように気をつけています。

ただ、それですめばいいのですが、場合によってはCさんとDさんの間で板挟みにあうこともあります。

そういうときは、片側の意見だけを聞いて動かないようにしています。

残念ながら女性にありがちなこととして、上司に取り入ろうとするというか、「悪口を先に上司に言いつけたほうが勝ち」という〝言いつけ合戦〟みたいなものがあります。でもそこで最初に言いつけてきた人の話を鵜呑みにしたのでは公平性に欠けますから、両側から話を聞きます。

しかし最初に言ってきた人は、それを極端に嫌がるのですね。

たとえばCさんから「Dさんがこういうことを言っていました」みたいなことを言われたとします。「そうか。じゃあ、ちょっとDさんに確認してみるけど、いいかな」と言うと、「いえ、それほどのことではないんですが……」「そこまでのことではないので、もう大丈夫です」と言われるパターンがとても多いです。

このように私の対応に一貫性を持たせたことで、社内の雰囲気はだんだん変わっていきました。

スタッフ同士の不満の対処法

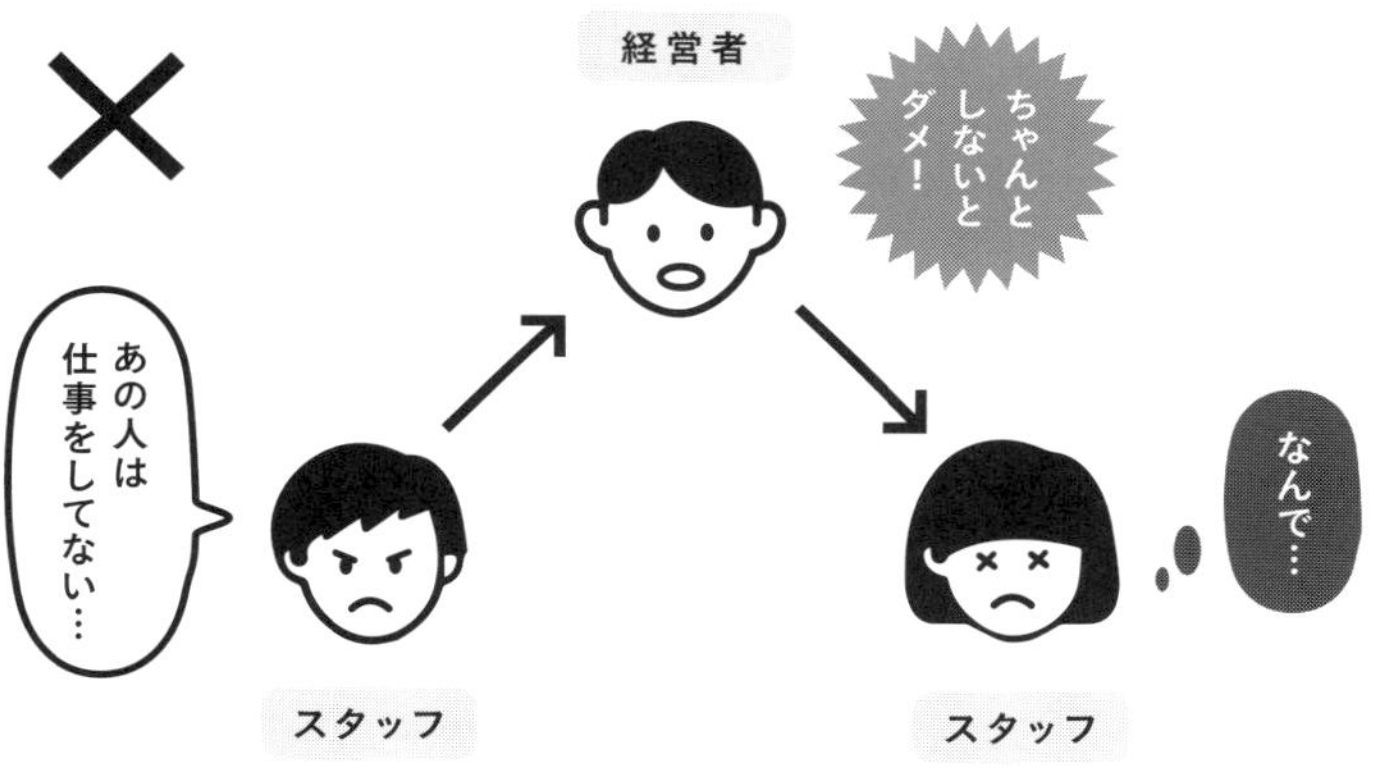

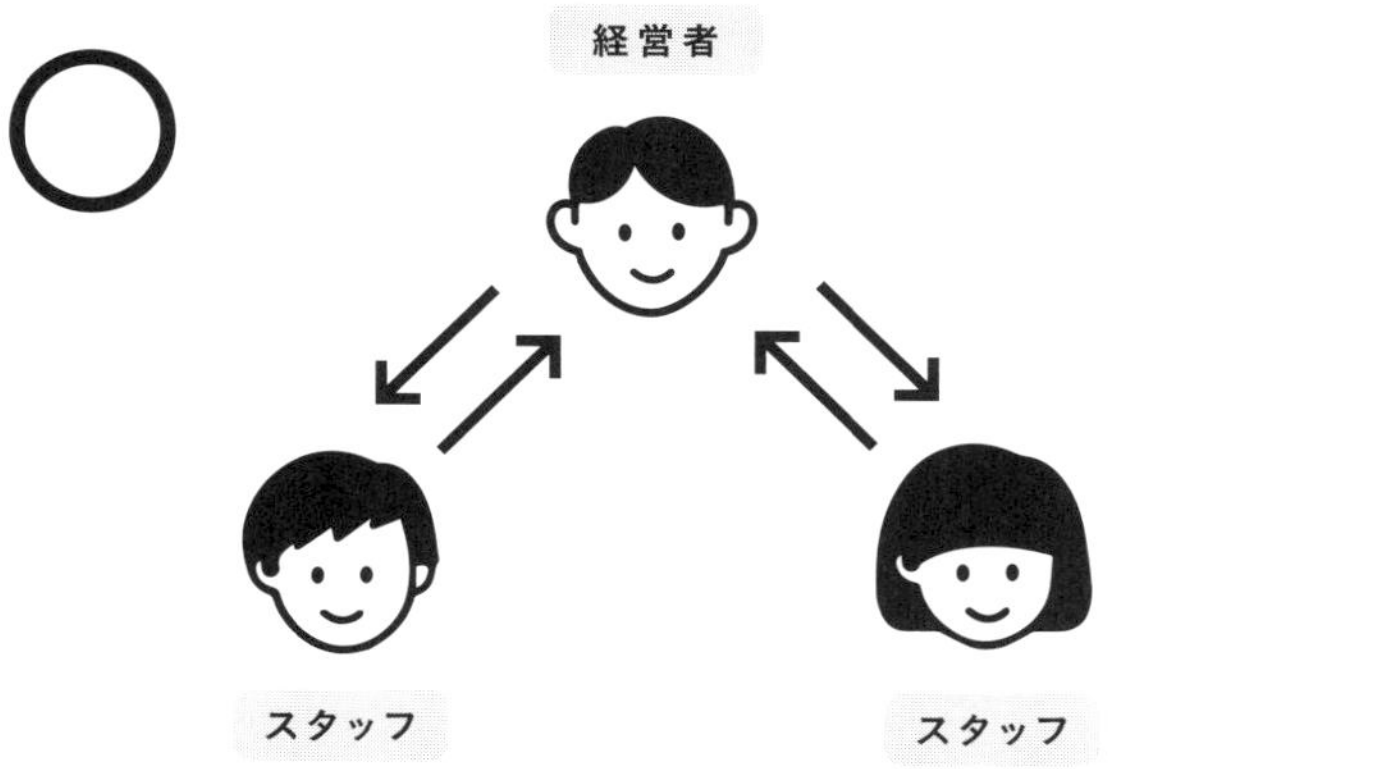

双方としっかりコミュニケーションを取ることが大事

中間管理職もしっかり教育する

こうして社内の雰囲気が変わってくると、今度は次の段階に進む必要がありました。それは中間管理職の教育です。

スタッフが中間管理職にも他のスタッフの噂話をしたときの対応です。そういうとき、中間管理職がそれを私にただ上げてくるのではなく、その段階で解決できるようにしてほしいわけです。

でもそこで中間管理職が自分の倫理観で、「そういうことを言ってはダメよ」とスタッフに言うのでは伝わらないし、また中間管理職自身も精神的にきつくなります。

そこで行ったのがフィロソフィの活用です。これはあとで述べますが、当社にはフィロソフィ、経営理念があり、定期的に勉強会を開いてこれらについて学んでいます。

そうやって勉強していくと、ルールが伝わりやすくなるのです。これが浸透すれば、何が人として正しいか、善悪ということが、自然と頭に入ってくるし、どう伝えればいいかということもわかってきます。

これをやってから「あなたの時点で解決しなさい」と言わなくても、ちゃんと中間管理職のレベルで解決できるようになってきました。もちろんその場合、対応に当たってくれた中間管理職をきちんと評価することも大事です。

問題のあるスタッフへの対応法

当社のフィロソフィには「スタッフみんながベクトルを合わせる」というものがあります。みんながお互いを思いやり、同じ方向を向いて伸びていきたいという思いです。ところがベクトルを合わせていく過程において、「居心地が悪い」と感じる人もいるわけです。我が強いというか、協調性を持てないタイプ、自分さえ良ければいいと考えるタイプです。またそういう人は何かと問題を起こしがちです。

もちろん問題が起こったときはその都度対応しますが、そういう人に対して人間性の部分に踏み込んだり、無理に何かを変えさせようとすることはしません。

というのは、私も昔は厳しく接していたこともあったのですが、それは完全に逆効果だったからです。厳しく叱ると、その人は私への対策のための仕事をするようになってしまうのです。スタッフはお客様に対して仕事をしなければいけないのに、お客様の顔を見ないで私の顔を見て仕事をするようになってしまう。それでお客様の満足する仕事ができるわけがありません。

だからそこは私も反省して、以来厳しく接することは一切しないようになりました。ではどうするのかと言うと、今はそういう人に対しては〝長所〟だけを言い続けます。「○○さんはそういうところがいいところなんだから」「こういう長所があるね」というように長所をほめるわけです。

そこで自分の問題に気づいてくれる人は、それ以上のことを言わなくてもだんだん変わっていきますが、残念ながら最後まで気づかない人もいます。そういう人は何も言わなくても辞めていってしまいます。これは不思議なことですが、必ずそうなります。

そういう人が辞めるときも、「うちではなくて、君の力を生かせる他の場所のほうがいいね」と言って円満に送り出しています。

独立していったスタッフから言われること

スタッフの結婚式などで、かつて当社で働いていた人に会うことがあります。当社から独立をした人が多いです。

彼らに会うと「今になって雨宮さんの言っていたことがわかりました」ということをよく言われます。

独立して経営がうまくいっている間は「雨宮のやり方ではダメだ」と思っていても、経営が困難になったり、人材活用がうまくいかないときもあるわけです。

私はずっと「自分さえ良ければという考えは捨てて、部下のこと、みんなのことを考えるのが大事だ」と言い続けていたのですが、当時そのスタッフにはきれいごとにしか聞こえなかったのだと思います。

ところが、独立してやっとその意味がわかったというのです。

「なぜ社長は数字のことばかり言うのですか。僕は技術を追求したいんです」と言って辞めていったスタッフもいました。彼もその後、独立したのですが、いざやってみるとなかなか売上が立たない。彼は「今になって、社長が『数字、数字』と言っていた意味がわかりました」と言っていました。

これはもう自分が経験してきたから本当に痛いほどわかるのです。志を持って独立しても、売上が上がらない。そうなると夢も技術もないのです。人間関係さえもギスギスします。まず会社が利益を上げていないと、その上には何も積み上がりません。

でもその売上はと言うと、やはり社内の人間関係が円滑で、みんなが同じ方向を向いて頑張ってこそ伸びるわけです。社内における人間関係はとても重要なものです。そこではやはり自分のことだけを考えるのではなく、仲間として、みんなで伸びていこうという意識が大事なのだと思っています。

PART 3

女性が活き活きと稼ぐ仕組み

稼ぐ仕組みがなければ始まらない

前章までに女性が働きやすい会社づくり、女性の特性とその生かし方といったことについて述べてきました。

「柔軟性を持った雇用」とか「ショートタイム制度」といった言葉が出てくる中で、「そんなことで採算は取れるのか？」「収益は出るのか？」という疑問をお持ちの方もいらっしゃるかもしれません。もちろん単に女性が働きやすい職場をつくればいいわけではなく、女性の力を活用して業績を伸ばしていくことが最大の目的です。

私は会社を「大家族主義」で捉えていますから、みんながファミリーの一員として、喜んで仕事をしてもらって、しっかり稼いでもらいたいと考えています。どんなに働きやすい職場だとか環境だとか言っても、肝心のお給料が低いのでは意味がありません。

そのためにも会社は業績を伸ばし、収益を上げていかなければいけないのです。また今まで述べてきた、シングルマザーの支援や再雇用制度、地域貢献、社会貢献といったことも、会社が伸びていて収益が上がっているからこそできることです。自慢のようで恐縮ですが、当社は女性を雇用して成功している会社として数少ない成功例だと思います。

以下、女性社員が活き活きと働いて業績を上げている当社の経営方式について説明していきましょう。

部門別採算制度で数字をわかりやすく捉える

まず当社では「部門別採算制度」を採用しています。これは「会社を小集団の組織に分けて考え、それぞれの部門を独立採算とする」というものです。当社で言えば、各店舗がそれぞれ独立採算を行っています。

独立採算制のメリットは、効率が良く、会社の規模が大きくなっても対応できる点です。しかし各組織を独立採算制にすると、難しいのが会計管理です。そこで会計知識を持たない人でもわかるように、オリジナルの採算表をつくっています。

特に当社は技術者集団ですから、会計知識のある人はほとんどいません。そうでなくても先に述べたように、女性は数字に対して苦手意識を持っていることが多いので、とにかく簡単で、シンプルでなければダメです。

まず当社には「経費（原価）を最小限にし、売上を最大にする」という指針があります。そこで経費項目を各店舗共通にし、水道光熱費などはさらに分け、水道料、電気料、ガス代、灯油代と分け、他店と比較できるようにしました。

要は〝分ければわかる〟のです。これで簡単に従業員が経費最小に取り組むことができるようになっています。

この部門別採算制度で大事になるのは「人時採算」と「時間当り採算」という考え方です。人時採算は、一人当りの1時間の粗利、時間当り採算は、1時間にどれだけ利益を上げたかという指標です。なお、こうした考え方については、稲盛和夫さんの著書『アメーバ経営』（日本経済新聞出版社）を参考にさせていただいています。

人時採算で稼ぐ感覚を浸透させる

まず「人時採算」について説明します。

売上から仕入れを差し引くと粗利が出ます。この粗利を従業員の総労働時間で割ったものが「人時採算」です。言い換えれば「一人当りの1時間の粗利」ということです。

これは「売上を最大にし、経費を最小にする」ための指標となります。

仕入れというのは、当社の場合は、主に使用する薬剤などになります。この指標を導入したことで、仕入品を適切かつ丁寧に使い、無駄にしないという意識が芽生え、さらに〝稼ぎ〟という感覚が従業員に浸透していきました。

また、この指標は「時間の効率化」ということにも大きな影響を与えました。それまでは営業終了後からあと片づけや事務仕事をしていたのですが、総労働時間が「人時採算」に大きな影響を及ぼすことをみんなが理解してくれて、営業中の空いた時間に事務仕事をしたり、片づけながら仕事をするようになりました。

時間当り採算で生産性を上げる

次に「時間当り採算」です。

まず売上から、労務費を除く仕入れなどすべての経費を引いたものを算出します。これを「差引き付加価値」と呼んでいます。それを総労働時間で割ったものが「時間当り採算」です。

人時採算と時間当り採算

人時採算　1人当りの1時間の粗利

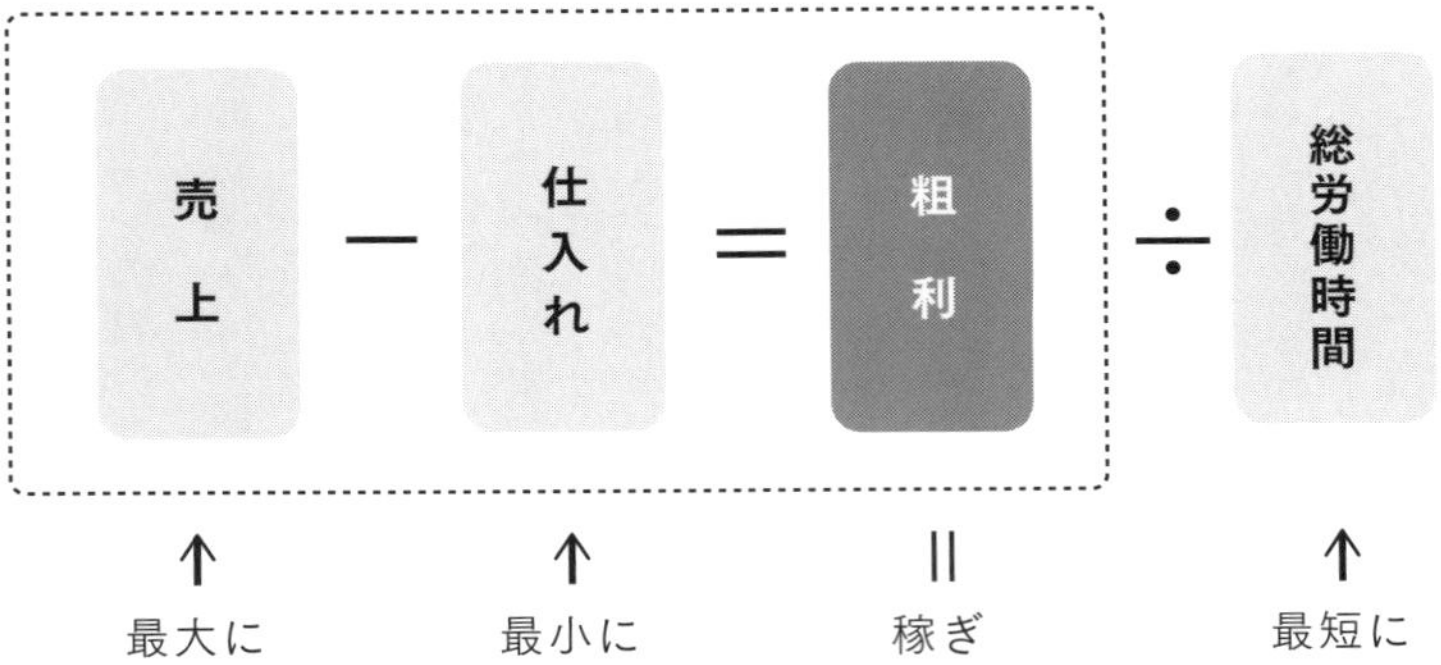

時間当り採算　1人当りの1時間に生み出す付加価値

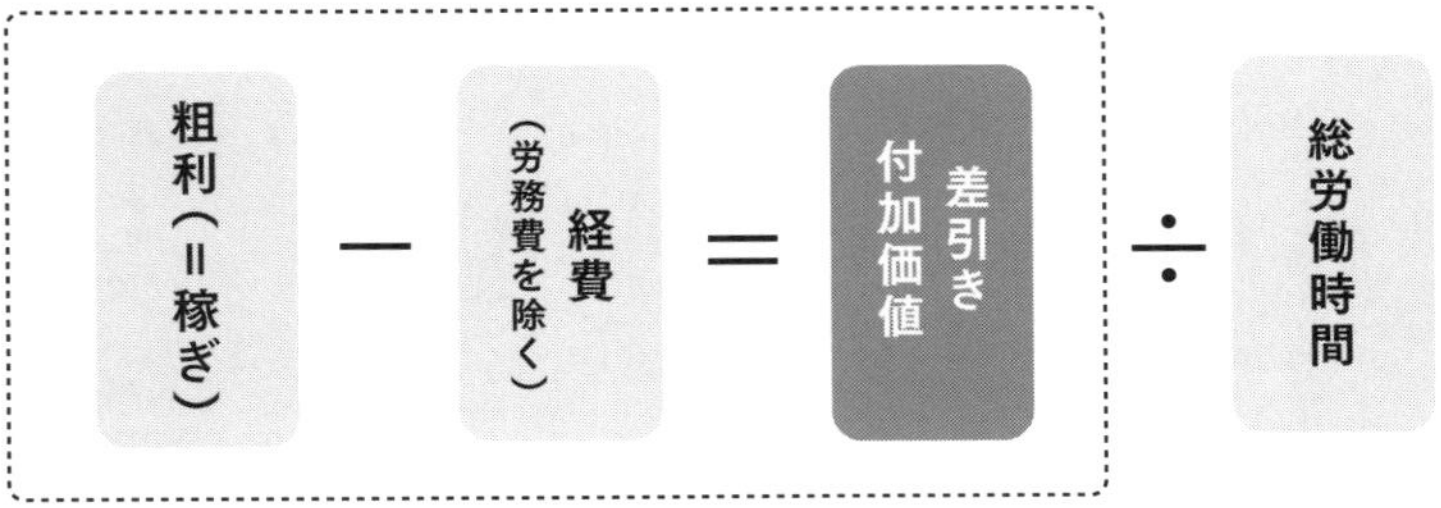

労務費＝給料・社会保険料など

差引き付加価値とは、仕事の成果を「どれだけ付加価値をつけることができたか」という点から捉えるものです。時間当り採算は、「1時間当りに生み出した付加価値」ということです。

経費には、労務費以外、家賃も水道光熱費も減価償却費も、銀行からの借入手数料などもすべて入っています。労務費（給料や社会保険料など）を経費に入れないのは、給料は各部門でコントロールできない性格のものだからです。給料は本部でさまざまな事情も考慮して決めるので、各部門の責任者が決めるものではありません。

従業員それぞれが時間当りの生産性を上げていくことで、全体の売上を伸ばしていくという考え方です。

一人一人が意識すると収益は段違いにアップする

この「時間当り採算」を従業員全員が利用するということは、非常に大きなことです。

まず自分の仕事ぶりが会社にどのくらい貢献しているかが、〝数字〟でわかります。

「時間当り採算」から自分の時給を引いて、利益が出ているか出ていないかを見るのです。

時間当り採算によって自分でわかる貢献度

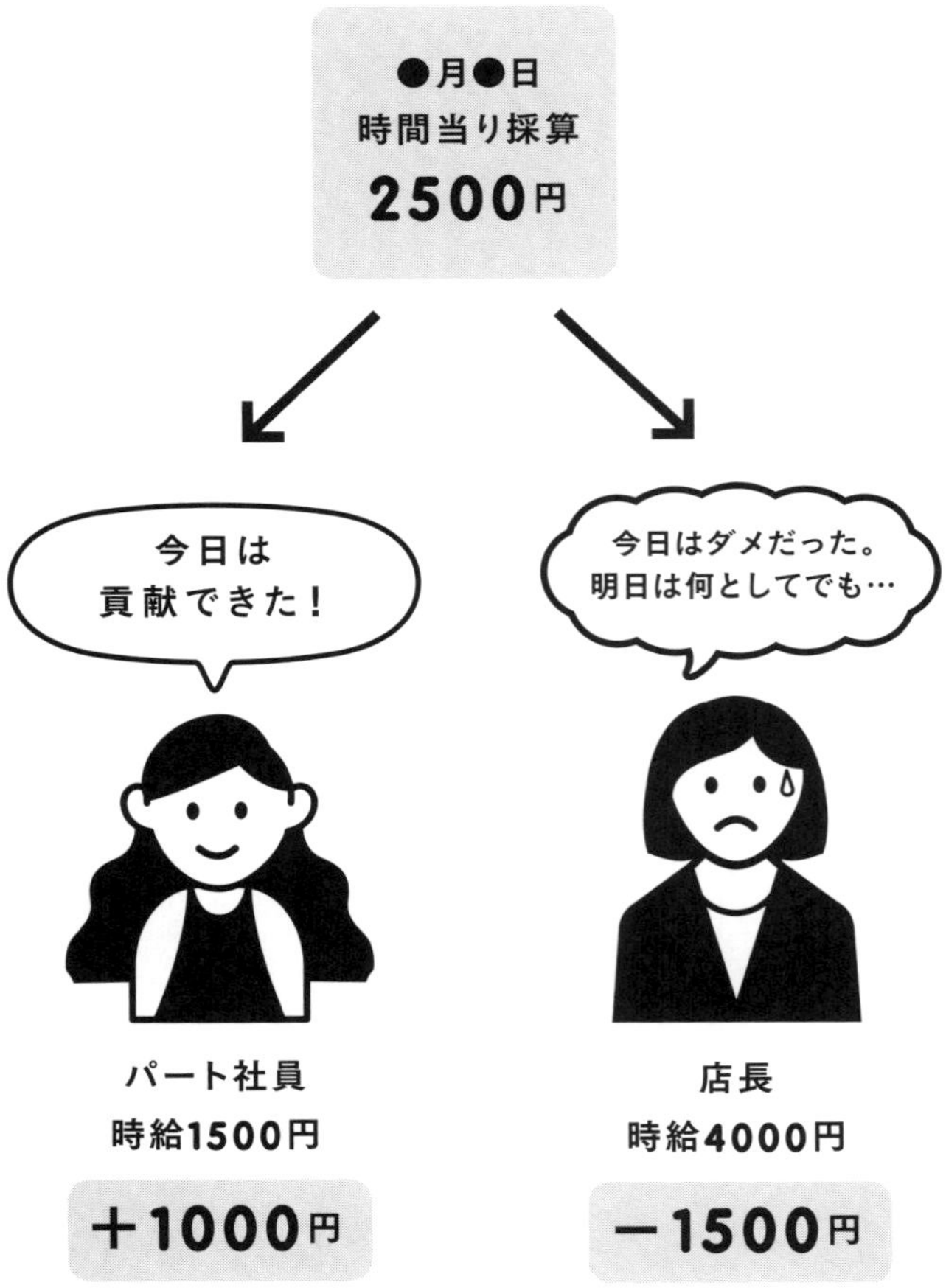

たとえば、時間当り採算が2500円と出たとします。パート社員のAさんが時給を1500円もらっているとしたら、会社としては1000円の利益が出ているということになるので、Aさんは会社に貢献していると言えるわけです。

しかし店長であるBさんは時給換算で4000円もらっているとすると、差し引き1500円の赤字になるので、自分は貢献が足りないということがわかるのです。

この指標を導入して以来、正社員はもちろん、パート社員も自分の勤務スケジュールまで工夫するようになり、採算向上に大きく貢献してくれるようになりました。

覚悟を持って採算をすべてガラス張りに

当社では、これらすべての店の採算をガラス張りにしています。これを行っているところはあまりないのではないでしょうか。

ちなみにこの時間当り採算はどの会社でもすぐに計算できるので、ぜひ出して従業員に開示されることをお勧めします。

でも経営者の皆さんはこれを出すのを嫌がりますね。なぜかと言うと、総労働時間を明かしたくないからだと思います。従業員をこれだけ長時間働かせているということを公にしたくないのでしょう。

私自身も最初は、総労働時間を公開することにはとても抵抗がありました。当社も御多分にもれず、長時間労働になっていましたから、従業員に非難されるのが怖かったのです。でもそこはもう仕方ないと腹をくくりました。自分はこういう会社をどうしてもつくりたいので、そのために現状を見せようと。それを見せることで従業員に三行半を突きつけられたら、それはそれで仕方がないと。でも、従業員が最後の一人になってしまっても、この改革をやろうと思っていました。その覚悟が伝わったのか、従業員が助けてくれたように思います。

なお、会社にはプロフィット（利益を出す）部門と、ノンプロフィット（利益を出す部門を支える）部門があります。当社は託児所を設営していて、保育士さんを雇っていますが、託児所や経営管理部門はノンプロフィット部門として、そこにかかる分は共通経費や共通時間ということで各店舗に配分しています。

労働時間の貸し借りという考え方

「時間当り採算」はこのような活用法もできます。それは「店舗間における労働時間の貸し借り」です。

当社では各店舗の予約状況をパソコンで閲覧することができます。朝の時点で、A店は予約がいっぱい入っているのに、B店は比較的予約が少ないということがわかるわけです。その場合、B店からA店に人を貸すのです。時間貸しというか、労働時間の貸し借りです。

それは私や店長が指示するのではなく、現場の一人一人の判断で行っています。朝、予約状況を確認して、B店からA店に「今日は予約が少ないから、ヘルプに行けますけどどうですか?」といったように自分を売り込むのです。

あるいは、予約がいっぱいの店舗が「今日はもう一人欲しいから、誰か来てくれない?」という感じで各店舗に呼びかけることもあります。そうやってみんなで調整するのです。

これは当社の店の多くが車で15分圏内にあるから比較的やりやすいことでもあります。

もちろん移動のための交通手当も全部出しています。たとえばA店からB店への交通費な

労働時間の貸し借り

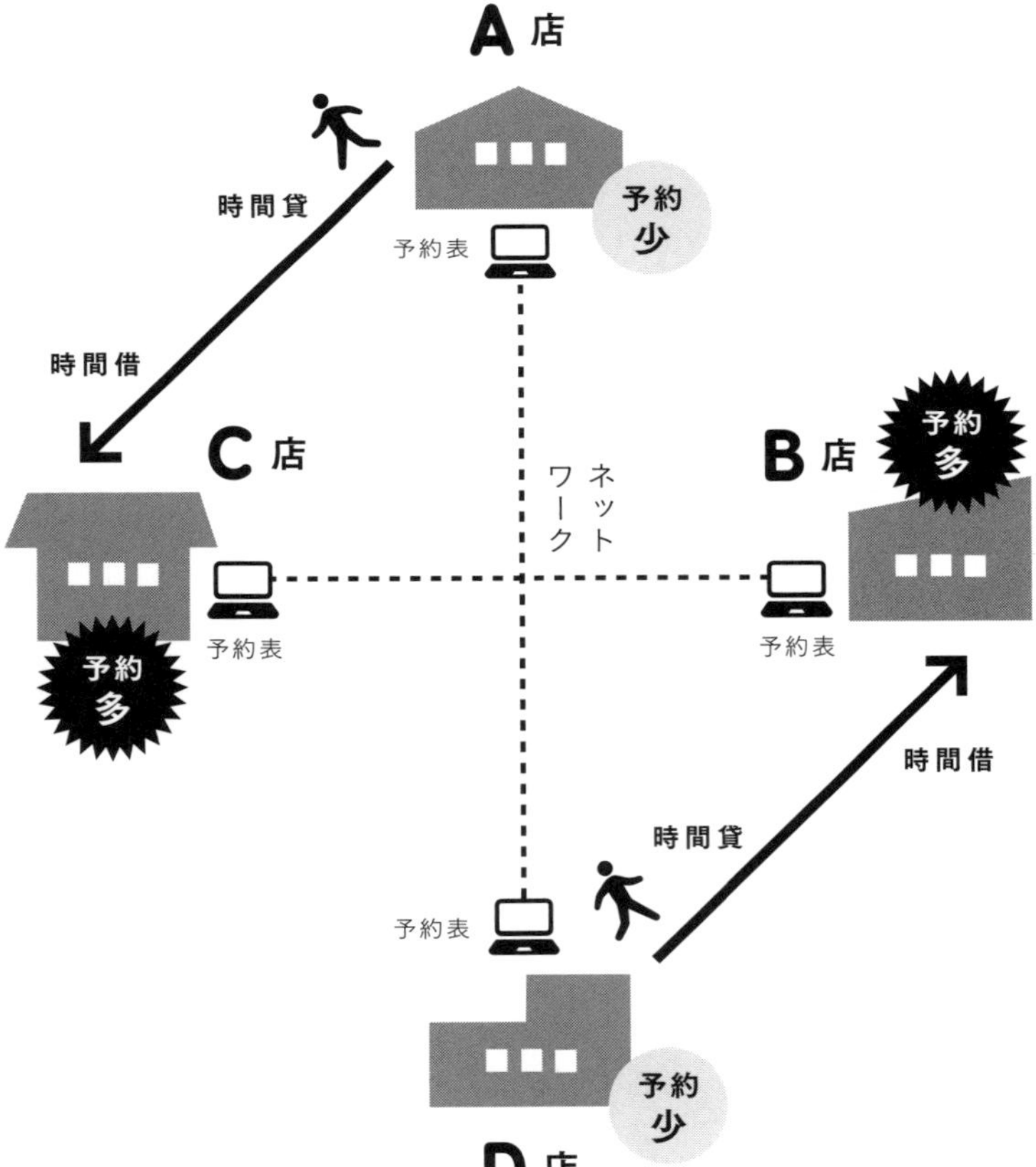

スタッフ1人1人の判断で、空いている時間を他店に売り込む

ど、全部計算してパソコンで管理しているので、それを月に何回という形でガソリン代を計算し直して支給するわけです。

パート社員まで経営者感覚になれる秘密

この話をすると、「もらえるお給料は同じなのに、わざわざ自ら忙しい店舗に手伝いに行く人はいないのではないか?」と質問を受けます。私も正直、これを始めたときは、そう考える人が多いかなと思っていました。

ところが実際にはそうではなく、みんな喜んでヘルプに行ってくれます。

それは会社の業績が上がれば、その分、託児所や福利厚生などの手当てが厚くなるなど、〝みんなの利益〟に還元されることがわかっているからです。

ヘルプに行くと自分の時間当り採算は上がります。全体で採算を取りに行くという考えが共有できているのです。

これこそが「全員経営」です。それぞれが店舗、会社を盛り上げていこうという意識が自然と芽生えるのです。

さらにはあとに述べる社内教育制度の効果もあり、当社では本当に「みんなで頑張ろう」という空気がしっかり醸成されています。実際これらの制度を採用してからは、業績が急上昇しました。

また、当社ではこんなことも起こっています。

パートさんが「私は○曜日と○曜日だけ働きたい」と言ってくるのではなく、「私は混んでいる日に出るようにします」と言ってくれるのです。パート感覚ではなく、経営者感覚なのです。逆に言えば、そういう考え方をしてくれるパートさんだけが残っていく傾向にあります。

ただ、この「時間当り採算」で、ひとつ注意しなければならないのは、各店舗で家賃の相場に大きな差がある場合です。

当社の場合は現在、5店舗が山梨、1店舗が埼玉、4店舗が都内です。山梨の5店舗はほぼ相場が同じなので競い合えるのですが、東京は言うまでもなく家賃の坪単価が全然違います。

ですからそのまま「時間当り採算」を出すと、東京が圧倒的に低くなってしまうのです。数字だけ見たら東京の店の人たちは全然貢献できていないように見えてしまいます。

そう見えないために、当社では基本的には家賃の入っていない「人時採算」を公表していいます。私自身はさらに詳しい採算を出してチェックしていますが、一般的にはこちらで十分だと思います。

経費が一気に4割減った理由

独立採算性ですべてをガラス張りにしたことで、計り知れないほどのメリットがありましたが、そのひとつが経費の激減です。

以前はシャンプーなどの仕入れは本社で一括して行っていました。つまり私が経営管理部としてまとめて仕入れて、それを各店舗に分配していたのです。理由はまとめ買いのほうが1本当りの単価が安くなるからです。

当社は美容室ですから、シャンプー、トリートメント、パーマやカラーのための薬剤などが主な仕入品です。それを思い切って必要な分を必要なときに買うことにしました。

これをすると当然ながら1本当りの価格は割高になってしまいます。経費が上がってしまうのではと不安でしたが、実際にやってどうなったかと言うと、びっくりするくらいコストが下がったのです。数字にして4割ほどです。

シャンプーや薬剤を節約するようにとは特に指示したことがなかったのですが、みんなは私が安く仕入れているから大丈夫と思って、ジャブジャブ使っていたわけです。これには驚きました。

そこで初めて気づいて、基準をつくることにしました。

たとえば、白髪染めなら根元がこのくらい白くなっている場合には、このくらいの使用量が適正だという目安を決めたのです。それによって薬剤などを効率良く使えるようになり、さらに経費が削減できました。

もちろんこうしたシャンプーや薬剤の一店舗当りの使用量もすべて公開しています。

残業をしないシステムで採算を上げる

このシステムにおいて、採算を上げるためには、労働時間をミニマムに抑える工夫も大事です。残業をしないシステムについてはパート1で述べましたが、これは何もお母さんスタッフに限ったことではなく、従業員全員に対して行っていることです。

「残業がない」というのを標榜していても、実際にはサービス残業を強制される会社というのがあります。私はそういうことは絶対に嫌なので、とにかくタイムカードを押したらすぐに帰るように徹底しています。

口で言うだけではダメなので、タイムカードのところにカメラまでつけてチェックし、さらには指紋認証もつけて、他の人がタイムカードだけ押して本人は中で仕事を続けるというようなことがないようにしています。

そうやって総労働時間がミニマムになると、人時採算は本当に上がるのです。

たとえば労働時間が週30時間だったのが24時間になったとします。その差は6時間です。しかしたった6時間の差であっても、全体で見ると全然違ってくるのです。そういうことにみんなも気づきはじめて、「早く帰る」という会社の理念と、女性が柔軟に働くための環境がマッチングしていきました。

パート1で施術の時間を短くするために技術開発を行ったと述べましたが、その技術の習得などにもみんなが協力的になってくれました。

ただ残業をしないシステムづくりでひとつ意外だったのは、それを不満に思う人がいたことです。

男性社員で、とても頑張ってくれている人がいるのですが、彼には「夜遅くまで働くことが美徳である」という考え方があったようです。彼のみならず、日本の会社社会にはよくあることかもしれません。

それを私が「早く帰れ」と言い出したものだから、彼は「自分は必要とされていないのではないか?」と悩んだというのです。

今ではもうきちんと理解してくれていますが、このようなこともあるので、残業が多くなりがちな男性社員に対しては、事前の説明をしたほうがいいかもしれません。

この労働時間の短縮はどこかで必ず行うべきだと思っています。一気に縮めようとするのは難しいと思うので、段階的にするとか、店舗なら営業時間を1時間縮めるなどの工夫も必要だと思います。

時間当り採算だとシンプルに会計が理解できる

いろいろな経営者セミナーなどに出てわかったのですが、経営者でも決算書、財務3表を読める人はごくわずかのようです。税理士さんや、学校で会計を勉強した経営者ならそんなこともないでしょうが、現場からのたたき上げの多い中小企業の社長さんなどは、どちらかと言うと「会計は苦手」と言います。

私が経営者セミナーなどでいろいろな会社とおつき合いして実感したことは、すばらしいフィロソフィを持っていても、数字がわかっていない社長さんの会社はあまりうまくいっていません。

しかし、どんなに会計や数字が苦手でも、当社のオリジナル採算表であれば、1時間当りが儲かっているかどうかが瞬時にわかります。パイロットはその指標を見ながら飛べばよいわけです。

経営者のみならず、誰でも読むことができるから「全員参加経営」が可能になるのです。本当にこの「時間当り採算」はすばらしい発想だと思います。

客単価より来店数を増やす

営業努力についてもここで述べておきたいと思います。

師である稲盛さんから教わったことに、「何もしなければお客さんは減っていくに決まっている」というものがあります。美容室で言えば、お客様が引っ越したり、近所にできた店に何となく変えてみたりということもありえるわけです。

そこで私が考えたことは、1回の客単価を増やすことよりも、来店していただく回数を増やすということでした。

たとえば年間4回から4・5回になると110％以上のアップになります。

なぜ客単価ではなく回数なのか。

1回ごとの客単価を上げようと思うと、「このメニューはいかがですか？」「この商品はいかがですか？」と勧めることになりがちです。そうやって1回の単価が高くなってしまうと、お客様は来店しづらくなると思うのです。1回が高くなるよりも、1回がリーズナブルなほうが何回も行こうという気になるものです。

たとえばそれで単価が下がったとしても、来店回数が上がれば、結果として業績は上がっていくと思います。

当社では「いつもキレイを、カンタンに。」をコンセプトとしています。

この「いつも」というところが重要なのです。「いつもキレイなほうがいいですよね」と言ったら、嫌だと言う女性はいません。いつもキレイでいたいというのは、いつの時代も変わらない、女性の永遠の願いです。

ではいつもキレイでいるためには、「このくらいのサイクルでご来店されるといいですよ」という具体的なご提案ができるわけです。

また客単価を上げるにしても、リーズナブルな価格のプチメニューをいろいろ取り揃える方向がいいと思います。カットとカラーをされた方に対して、さらにパーマをお勧めしたらお客様の負担が重くなります。でもリーズナブルなヘッドスパやまつ毛のエクステなどのメニューがあればお勧めしやすいし、お客様も喜んでくださいます。

今の時代はそういう方向性でないと厳しいと思うのです。

経営を支える大家族主義

この章では部門別採算制度について述べてきましたが、その根底に流れているものは、「大家族主義経営」です。

先にも少し述べたのですが、私は会社をひとつの大家族だと思っています。家族の中にはちょっと出来の良くない長男がいたり、優秀な次男がいたりします。それと同じように、店舗も全店舗の業績がいいわけではないし、人だって実力はいろいろです。

でも家族だったら出来の良くない長男を「お前は頭が悪いから」と放り出したりしません。それと同じで、稼ぐ部門も、それほどでもない部門も、私にとっては大切な家族として、みんなで助け合って支え合おうと思っているのです。

当社は「実力主義」を標榜していますが、これは決して実力のある人だけを優遇するという意味ではありません。たとえばお兄さんはボーっとしていて、しっかり者の弟が稼いで家族を養っているという場合、実力のある弟をリーダーに据えるということです。

年は長男より下で経験も浅いけれど、実力のある弟が上に来る。でもそこで長男を見捨てるということは絶対にしません。実力のある人が上に立ち、下の人を支えて成長していくことが実力主義なのです。それが全体の利益を上げる最善の方法であり、ひいてはそれがすべてのスタッフの利益にもつながるわけです。

それを考えると、私はさしずめちょっと頑固な親父の役割でしょうか。お父さんが家で「今日は俺が野球中継を見ると言ったら見るんだ」みたいに意地を張っているのを見て、家族は「お父さんだからしょうがない」と思っている。自由奔放な長女が「そんなの嫌」とムクれるのを、お母さん役の人が「お父さんの言うことなんだから、とりあえず聞きましょう」となだめているイメージかもしれません。

当社もそれぞれの思いもあるでしょうし、もしかしたら不満を持っている人もいるかもしれませんが、ひとつの家族として助け合って、不幸な人が誰も出ないように、最後はみんな幸せになれる経営を目指していきたいと思っています。

一般論として中小企業は家族主義経営が向いていると思います。一枚岩になっている会社は強いのです。「あの人のために頑張ろう」とみんなで同じ方向を向けば、苦難も乗り越えられるかなと思っています。最後はそういう関係性が一番強いと思うのです。

Amemiya's Talk

撤退という勇気

経営者セミナーや勉強会で、さまざまな会社を見てきましたが、当然ながらうまくいかないところとうまくいっているところがあります。うまくいっていない原因のひとつに、経営者の〝見栄〟があるように見受けられます。

十分な利益が出せていないとしたら、たとえば3店舗あるところを2店舗に縮小すればよいのです。ところが〝見栄〟が邪魔して縮小できない。

追い詰められて最後に撤退するよりも、まだ余裕のあるうちならば、撤退も戦略になるのです。追い詰められて引くしかなくなったときには組織は崩壊していきます。

経営者はどうしてもいいカッコをしたくなるところがありますが、時には引く勇気を持つことも技術だと思っています。

PART 4

女性の心を支える
理念と制度

女性が活躍する会社を実現する経営理念

当社はまず経営理念がベースにあって、その上で教育研修制度、次に部門別採算制度、最後に人事評価制度に取り組むという方針を持っています。

部門別採用制度についてはすでに述べていますので、この章では当社の社内研修制度と人事評価制度について述べさせていただきます。

まず当社の経営理念です。

私たちの会社は美容業を通じて、全従業員の物心両面の幸せを追求すると同時に、業界・社会の進歩発展に貢献します。

これがすべてのベースになります。その上でまず当社の教育研修制度について説明していきます。

教育研修制度で3つの力を育てる

当社では現在、各種勉強会のほか、リーダー勉強会、社長塾などを行っています。それから毎朝の朝礼があります。これらはすべての店舗で必ず行います。

教育研修制度には2種類あって、「考え方」というカテゴリーと、「技術」というカテゴリーに分かれます。

考え方というのはフィロソフィや経営理念を学んだり、再確認することで、技術は新しい技術を習得したり、新しい薬剤について学ぶことです。

まずは、考え方を中心に根本的な部分からお話ししていきます。

私は、美容師が一人前になるためには「3つの力」が必要だと思っています。ひとつは「作業力」。再現力と言ってもいいかもしれません。精密にカットができるかとか、器用さといったことです。これには個人差がありますが、技術研修で絶えずスキルアップを心がけます。

2つ目は「イメージ力」。お客様が「こんな感じ」とおっしゃるのを汲み取って形にする力のことです。

お客様によっては「春っぽい感じにしたい」とおっしゃる方もいます。この場合、「春っぽい」を形としてどう表現するかが問われます。そこには美容師の持つセンスも関係してきます。センスは生まれ持った部分も大きいのですが、トレーニングによってある程度までは磨くことができます。最初は失敗することもありますが、その経験をちゃんと踏むと、センスは確実に良くなっていきます。

そこに欠かせないのが謙虚な心です。美容師自身が自分の毎日のスタイルを意識してセンスを磨くこと。「今日の自分の格好は今イチだったかな」と反省する気持ちがあれば、その人は伸びます。

おもしろいことに、センスが良いと言われる美容師さんほど、「昔の写真を見せて」と言うと、「いやもう、ダサくて見せられません」「恥ずかしいからやめてください」と拒絶します（笑）。ということは、反省しているのです。反省するからこそ、成長していくのです。

そして3つめは「営業力」です。ここで言う営業力というのは「聞き取る力」のことです。相手が何に悩んでいるかを聞き取る力。それで引き出したものを頭の中のイメージで解決して、「こういう形にできますけど、いかがですか?」と提案できることです。

この3つがバランス良く育って初めて、美容師の力になっていきます。

社内教育制度ではこの3つの力を育てることを目的としています。3つの力それぞれを育てるための教育カリキュラムがあります。

そしてその根底に流れるのがフィロソフィです。美容師の3要素はこのフィロソフィがあって、その上に立脚するものと捉えています。

フィロソフィは会社の文化をつくる

フィロソフィとは、実践を通して得た人生哲学です。その基本は「人間として正しい生き方とは何か」ということです。こういう考えで人生を送っていけば一人一人が幸せになれるし、会社全体も繁栄すると思っています。

当社のフィロソフィは4章で構成されていて、全部で78個あります。ここですべてをご紹介することはできませんが、章ごとにごく簡単にご紹介したいと思います。

第一章　経営のこころ

経営についての心構えです。公明正大であること、社会の常識・道徳を順守することなどといったことから、お客様に対する態度、実力主義についてなどに関して定めています。

また私が信条とする大家族主義経営、ガラス張り経営、全員参加経営についても述べています。

第二章　すばらしい人生をおくるために

この章では人生に対する考え方について述べています。素直さと謙虚な心、感謝の気持ちを持つことの大切さや、仕事に対する意識の持ち方、何か問題が起こったときや困難に出合ったときの心の持ち方などを説いています。

第三章　花やの前の美容室では一人一人が経営者

ここでは経営についての具体的な方法を述べています。値決めや採算のことなど、一人一人が経営者という気持ちを持って仕事をしてもらうために知っておきたい基本です。

第四章　日々の仕事を進めるにあたって

この章では日々仕事をするにあたって心がけたい基本的なことをまとめています。採算意識を持つこと、倹約を心がけること、現場主義に徹すること、美しさをつくること、お客様をよく観察することなどです。

このフィロソフィは従業員が持つ手帳に記載されていて、フィロソフィ勉強会、社長塾で常に勉強します。また毎朝の朝礼でも1つずつ読み上げるので、従業員は常にこのフィロソフィを意識し、日々、フィロソフィとともに業務に当たることになります。

フィロソフィを徹底することのメリットは計り知れません。何をしたわけではないのに、社内の人間関係も驚くほど良好になりました。みんな挨拶をするし、人の噂話をしたり、陰口をたたいたりする文化がなくなりました。

またこのフィロソフィを追求することで、個人としてもいい人生が送れるものと確信しています。

このフィロソフィと先に述べた時間当り採算の両輪があってこそ会社の成功があります。この両輪がうまく回っている会社は本当に強いです。

Amemiya's Talk

フィロソフィを持つ会社は強い

経営理念、会社の考え方＝フィロソフィについてあれこれ述べていますが、美容業界でこういうことを言っている会社はまだ珍しい存在だと思います。最初、フィロソフィを取り入れたときは、みんな驚いたらしく、不満の声も出ました。今までの社風を変えようとしているのですから、そこに不安を感じる人がいるのは当然だと思います。

女性は変化を嫌がると述べましたが、これはいい変化であろうと、悪い変化であろうと同様です。最初は必ず抵抗する声が出るのです。「前と違う」と言いながら。

そこは覚悟しておかないといけないと思います。どんな抵抗にあっても、信念を貫くという強い気持ちがないと改革ができません。

フィロソフィについては、「確かにすばらしいことを言っているけれど、しょせんきれいごとでしょう」という声も出ます。というよりも、それが一般的な感想かもしれません。

しかしきれいごとでも、やっているうちに必ず変化が訪れます。それはもちろん良い方向への変化です。

自分でも完全にそれをできているわけではないけれど、その考え方に少しでも近づきたいと宣言してしまうのです。それについてきてくれる人は必ずいるはずです。

私は、プロローグで述べたように、一時はスタッフの顔もまともに見られないような精神状態にまで追い込まれた苦い経験をしたことから、スタッフ一人一人と堂々と向き合いたいと思うようになりました。それがフィロソフィを採用した理由です。

そうやってフィロソフィが徐々にでも浸透していくと、不思議なもので、利己的というか、自分に都合が良ければいいとしか考えない人は辞めていきますね。だから、組織がまじめな精鋭メンバーだけになっていきます。

朝礼は重要な朝の行事

当社では、すべての店舗で毎朝8時半から朝礼を行っています。時間は15～20分ほどでしょうか。

まず挨拶をしてから、出欠確認と身だしなみの確認をしたあと、業務の進捗やその日の予約状況、連絡事項、行事などの確認をします。

その後は78個あるフィロソフィのうちから1つを選んで読み上げます。これは輪番制で、読み上げた人が所感を述べ、それに対してリーダーがコメントします。

さらに当社には「美容師の心得30ヶ条」というのがあるのですが、これを日付に合わせて読み上げます。5日だったら5条を読みます。こうやって毎朝読むことで自然に頭に刷り込まれます。

その後は軽いストレッチです。従業員の健康を考えると、朝ちょっと体を動かしてから仕事を始めたほうがいいと思うからです。

社長塾でスタッフとの関係性を築く

社長塾は金曜日の午前中を使って行います。

全従業員が対象で、パートさんも、保育士さんも含まれます。パートさんの場合はその分の時給を払っています。

主に行うことは、フィロソフィと「美容師の心得30ヶ条」の勉強です。

これは始めてからまだ1年ちょっとですが、従業員と私の直接のコミュニケーションの場にもなっています。相談がある人は社長塾のあとに場を設けたりしています。

これらの勉強会は、スケジュールを組んでやり切るということが重要です。そうでないと、途中で途絶えてしまうことになりかねません。

当社では、あらかじめ年間スケジュールに組み込んでおいて、計画的に実施するようにしています。

Amemiya's Talk

勉強会を浸透させるまで

「定期的に勉強会を実施している」と言うと、最初からスムーズにできたというイメージがあるかもしれませんが、最初は「ちょっと病院に行っていいですか？」と言って休む人がいたり、「忙しいのに出ないといけないの？」という不満が出るなど、全員が参加してくれるわけではありませんでした。

営業時間内とはいえ、これらに対して〝仕事のひとつ〟という意識が持てない人がいたのだと思います。そこはもう「やると言ったらやる」という信念を持って断行しました。すべての勉強会を年間のスケジュールにきちんと組み込んで行うのです。そうしないと、言っただけでフェードアウトしてしまいます。

だから、やると宣言したら、必ず実行することが大切です。今では従業員みんなに「社長は言ったことは必ずやる」というのが浸透していると思います。そこは私も頑張ってきたところです。ここに至るまでは数年かかりました。

成長を実感した「経営の原点12ヶ条」の力

今のような社内研修制度が確立する前から、当社では稲盛さんの「経営の原点12ヶ条」「京セラフィロソフィ」「生き方」「働き方」の輪読などを5年間にわたって月1回以上、1回3時間以上をかけて行ってきました。

その中でもリーダーをはじめとする従業員の成長を一番感じた勉強会が「経営の原点12ヶ条」でした。私自身、会長である母とともに藁にもすがる思いでこの12ヶ条を実践してきました。

当社はカリスマ美容師とか有名サロンとは対極的なところに位置するけれど、みんなで一生懸命支え合って身につけた技術とサービスで、お互い、仲間のために働く意識を持ったことによって、個人プレーからチームプレーに変わることができ、会社は大きく発展しました。

この「経営の原点12ヶ条」は当社にとって宝とも言えるものです。ここで紹介しておきます。

経営の原点12ヶ条

1　**事業の目的、意義を明確にする**
公明正大で大義名分のある高い目的を立てる。

2　**具体的な目標を立てる**
立てた目標は常に社員と共有する。

3　**強烈な願望を心に抱く**
潜在意識に透徹するほどの強く持続した願望を持つこと。

4　**誰にも負けない努力をする**
地味な仕事を一歩一歩堅実に、弛まぬ努力を続ける。

5　**売上を最大限に伸ばし、経費を最小限に抑える**
入るを量って、出ずるを制する。利益を追うのではない。利益は後からついてくる。

6　**値決めは経営**

値決めはトップの仕事。お客様も喜び、自分も儲かるポイントは一点である。

7　**経営は強い意志で決まる**
経営には岩をもうがつ強い意志が必要。

8　**燃える闘魂**
経営にはいかなる格闘技にもまさる激しい闘争心が必要。

9　**勇気をもって事に当たる**
卑怯な振る舞いがあってはならない。

10　**常に創造的な仕事をする**
今日よりは明日、明日よりは明後日と、常に改良改善を絶え間なく続ける。創意工夫を重ねる。

11　**思いやりの心で誠実に**
商いには相手がある。相手を含めて、ハッピーであること。皆が喜ぶこと。

12　**常に明るく前向きに、夢と希望を抱いて素直な心で**

※盛和塾　世界大会資料より抜粋

独自の技術研修システムで成長を早める

以上、考え方についての研修に関して述べてきましたが、次は技術面での研修です。これもやはり金曜日の午前中に行っています。

当社には、独自の技術講習システムがあります。このシステムには大きなメリットがあります。

ひとつは今まで述べてきたように、これによって施術時間が大幅に短縮できます。またアシスタントからスタイリストになるまでは通常4～5年かかるのですが、当社の教育システムでは2年程度で達成できます。

これはすべて体系化しているから可能なのです。また業界の体質の話になってしまいますが、通常、どの店でもこういうことは体系化されていなくて、「先輩スタイリストの技術を盗む」とか、「見て覚える」という世界なのです。

それは不合理だし、習得する技術に個人差が出てしまいます。そこを明文化し、システムとして確立しない限りは、新人が効率良く育たないと思い、私自身が全部テキストに落としました。プロローグで述べたように、母が闘病生活に入り、私が急に経営を行わなければならなくなったとき、後輩を育てるために必要に迫られてつくったものがベースとなっています。

私自身、蛙の子は蛙というのか、母が美容師だったせいか、美容技術は見ただけで覚えることができて、自分の中では自然と体系化もできていました。

ところがそれを教える段になって愕然としたのは、教える技術を持っていないことです。驕ったような言い方になってしまって申し訳ないのですが、「何でこれができないの？」「見ればわかるじゃない」ということが頻発したわけです。

これは自分の中ではちょっとした挫折でした。「そうか、最初からできる人もいれば、できない人もいるのだ」と。

そこで全員に教えるために、すべて一から言語化して組み立てる必要がありました。その作業はかなり大変でしたが、苦労したかいがあって、なかなかいいものができたという自負があります。これも当社の宝です。

中途採用者への研修で気をつけるべきこと

中途採用者に対する研修については、すでに完成してきた技術を持っている人たちなので、それはそれとして尊重して、必要に応じて会社が認定する協会などが行っている研修を採用しています。

ただ、薬剤の使い方などが当社とは違う場合があるので、そこは技術研修が必要になります。ただ、それも既存のスタイリストが教えるのではなく、メーカーさんから来てもらって説明してもらいます。

自分より年下で経験の浅い人に教わるというのは、表面には出さなくても、内心おもしろくないものです。それは人間の素直な感情ではないでしょうか。だからそういうところでの配慮はしています。

結婚を機に中途入社を希望する女性が増えてきたと述べましたが、こうした女性は技術もモチベーションも非常に高いです。今後も積極的に採用していきたいと思います。

採用面接ではフィロソフィを語る

私が面接で必ずすること、それは会社のフィロソフィを語ることです。することそれがひとつのフィルターになって、そこに共感してくれた人だけが入社することになります。私の語るフィロソフィに共感してくれた人は、入ってからもすごく力を発揮してくれます。

面接はとても重視しているので、1回で決まることはまずありません。だいたい3～4回はかけて、しっかりお互いを知るようにしています。こちらもどんな人かよく理解しないといけないし、相手にも当社をよく知ってもらった上で入ってほしいからです。

中途の人の場合には勤務しながらの面接になるので、時間がかかる場合もあります。

先日、2年がかりで入社してきた人がいました。有名店に勤務する実力派のスタイリストなのですが、たまたま私と会う機会があったのです。

そこで私がこの業界に対する夢や自社の話をしたところ、それがずっと気になっていたみたいで、コンタクトがありました。

向こうも有名店で活躍する中、非常に多忙だったのですが、2年かけて話し合いを持ち、最終的に当社に入社を決めてくれました。

3つの基準でつくる人事評価制度

当社では全員が大切な従業員と考えて、毎年昇給していく仕組みをつくっています。上がり方は人それぞれで、能力、行動、業績の3つの基準をつくっています。これらは毎年の昇給、資格取得後の手当、目標達成時の手当に反映されます。

昇給については行動評価を用いて年に1度行います。評価査定は入社からの年数や経験年数によってステージ別に設定していて、相対評価で行っています。

●能力評価

能力評価は資格等級制度で行っていて、技術や協会が発行する資格取得によって定めた手当の支給をします。

資格取得のためには相応の努力が必要です。時間もかかるし、場合によっては交通費や受検料などの費用もかかります。

そうした資格を取った人には、ちゃんと報いてあげたいと思うのです。

それが支給手当に反映されて、十分に回収できたあとは、その人の財産になるようにと考えて設定しています。また産休などで復職した際にも反映されるようにしています。

●行動評価

行動評価は、朝礼や毎週、毎月行われるフィロソフィ勉強会で学んだ考え方を理解し、行動に反映させ、実践しているかどうかを評価するために設定しています。これは毎年の基本給の昇給に反映されます。

その評価基準は「一人前の社会人になる」ということと、「一人前の美容師になる」ということにあります。

それに対して5段階評価で自己申告してもらいます。自己評価がそのまま給料に反映するというわけではなく、自分がこれによって評価されているということを見直すために行うわけです。

さらにリーダーも部下に評価をつけます。その際、リーダーの評価の仕方に個人的な好き嫌いなどがあってはいけないので、調整委員会というのをつくっていて、そこで調整を行います。

●業績評価

業績評価は会社成長の礎と羅針盤であるマスタープラン、予定に基づく実績に対する評価であり、全員がベクトルを合わせ、予定達成の労をねぎらうための仕組みです。

これは毎年の業績に応じて行動評価で使われる昇給額に反映します。

理念で引っ張る経営が成果を生む

美容室経営においては、〝技術〟で従業員を引っ張っていこうと考える経営者が多いように思います。

しかし私はどちらかと言うと、経営の理念や考え方で引っ張っていくタイプです。

もちろん、技術の開発に能力を持っている人間がその能力を発揮できるような環境はつくっています。だから技術はどうでもいいと思っているわけではないのですが、どちらか

経営理念をベースにしたシステム

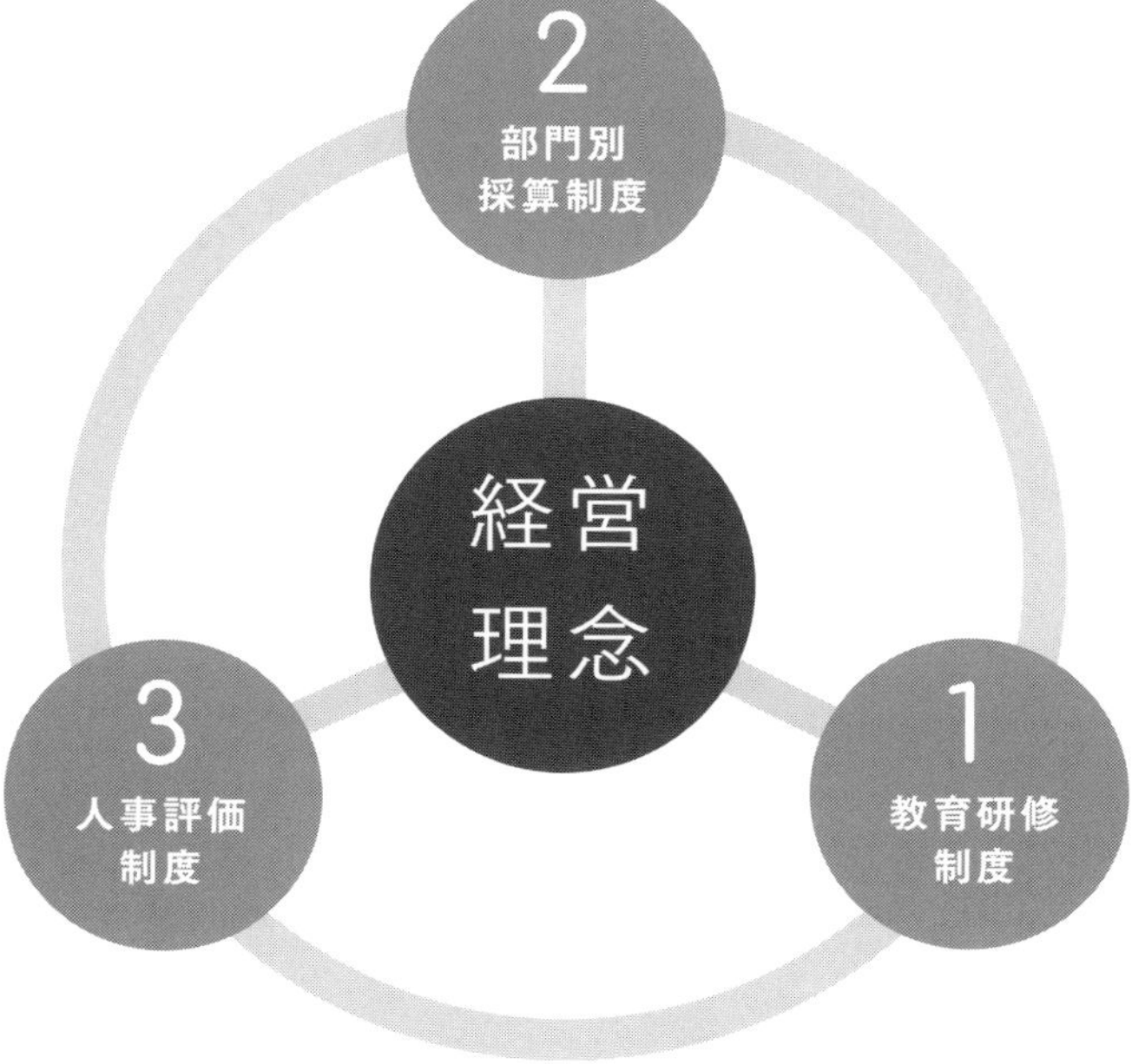

と言うと、力を入れているのはチームづくりです。

野球で言えば、野球少年は「プロになるなら巨人軍に入りたい」と憧れます。「自分がエースで4番でスターになりたい」というのではなく、「あのチームがいい」と思ってもらえるチームをつくりたいのです。

メンバーは誰もが活躍してキラキラ輝いていてほしいし、もちろん結果も残せるチームにしたい。

そういうマインドがあるからこそ、社員教育がなお一層大事になってくるわけです。

花やの前の美容室

女性が働き続けるすごい仕組み

1 環境・制度

2 収益システム

3 理念・教育

これまでご紹介してきたように、当社が取り組んでいる「女性が働き続ける仕組み」には、右の3つの柱があります。ここで、カラー写真とともに、まとめておきたいと思います。

2015年入社式

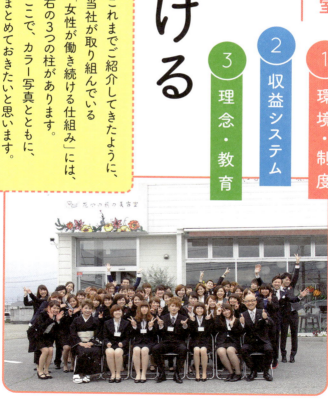

1 環境・制度

女性が安心して働ける仕組み

当社では、女性が働き続けてくれる環境として、まず社員用の託児所をつくりました。

さらに、「ショートタイム制度」をはじめとした結婚・出産後の雇用形態も整えました。

ただし、いくら環境や制度を整備しても、まわりがそれを受け入れる雰囲気ができていないとうまくいきません。当社では、この雰囲気づくりにも力を入れています。

その上で、社員の中にこの制度を活用してうまくいっているロールモデルができると、加速度的に浸透していきます。

店舗の敷地内にある
託児所

仕事の前に子どもを
預けるスタッフ

託児所では、さまざまな工夫をして子どもたちを楽しませている

2 収益システム

女性が活き活きと稼げる仕組み

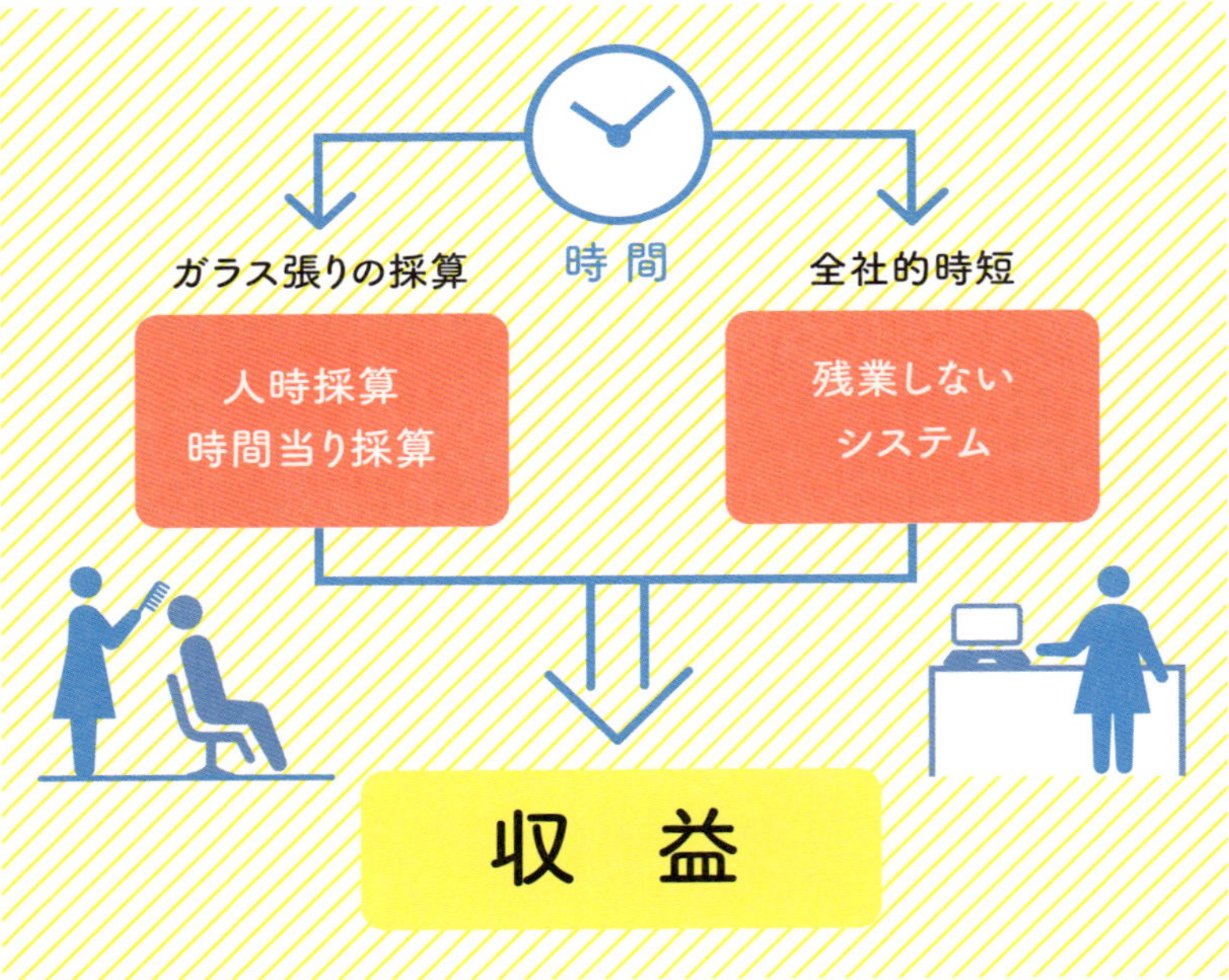

環境・制度を整備しても、会社として収益が上がらなければ意味がありません。そこで当社は、「人時採算」と「時間当り採算」という考え方を取り入れ、部門ごと、個人ごとに採算をガラス張りにしています。これにより、スタッフは自分の貢献度を知ることができます。

こうすると、スタッフは自分から考えて行動するようになります。その良い例が、店舗ごとの労働時間の貸し借りというシステムです。

また、会社全体として、労働時間短縮に向け、残業しないための業務の見直しにも取り組みました。

残業を減らすために、お客様には次回予約をお願いして、効率の良い時間管理と顧客管理を同時に実現しています。

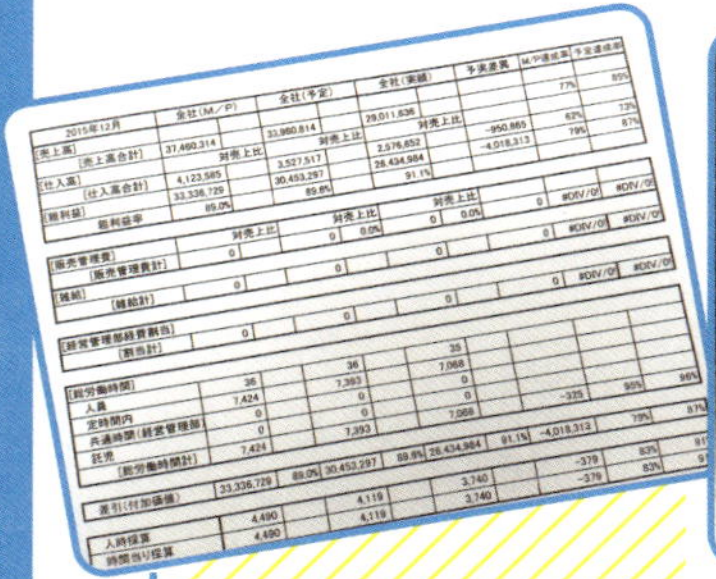

ガラス張りにされた
採算表

仕事の進め方を話し合うスタッフたち

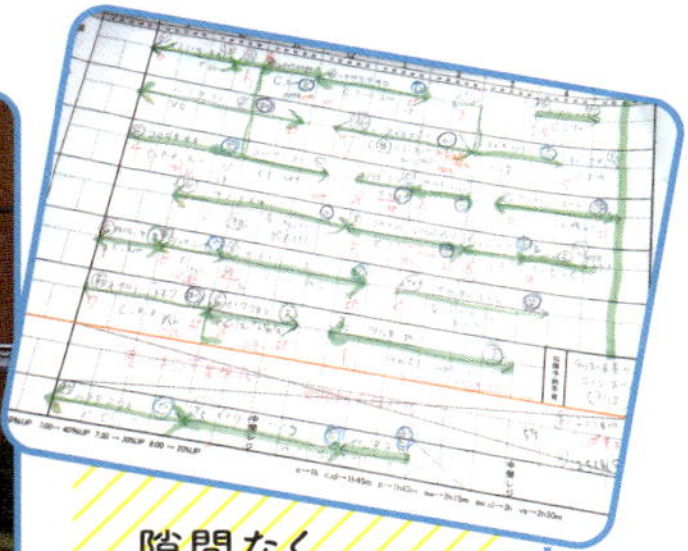

隙間なく
書き込まれた
予約表

他の店舗の予約状況を
確認するスタッフ

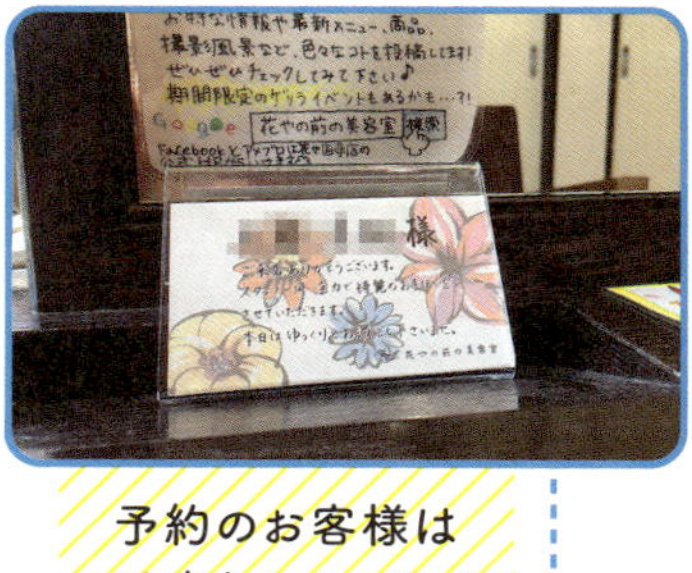

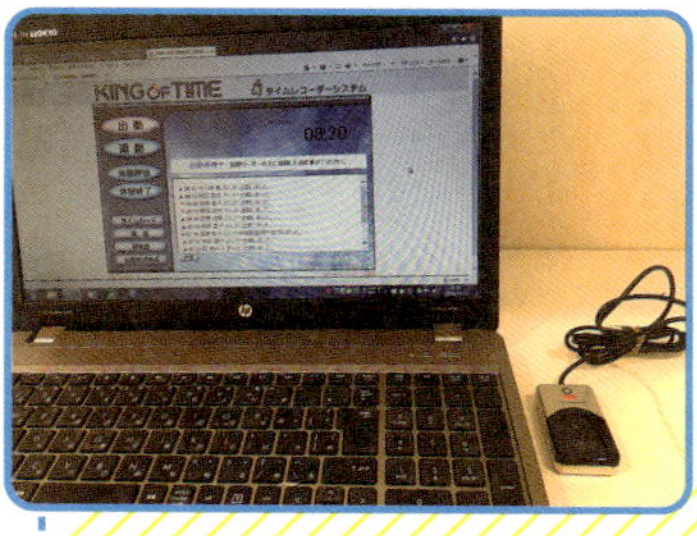

予約のお客様は
手書きのカードで
お迎えする

認証式になっているタイムカード

3 理念・教育

女性の考え方と技術を支える仕組み

環境・制度を整備して、収益システムを構築できても、スタッフ全員が同じ方向を向いていなければ、うまく機能しません。当社では、経営理念をベースに置き、その上で教育研修制度によって、スタッフの意識を支えています。

教育研修には、「考え方」と「技術」の2つの要素があります。

「考え方」では、リーダー勉強会、社長塾、朝礼などを通して、当社のフィロソフィや経営理念を学んだり、再確認しています。

「技術」においては、当社独自の技術講習システムにより、講習会、撮影会などを通して技術の向上を図っています。

朝礼は
各店舗で
毎朝行われる

全社員対象の
研修会も
営業時間内に行う

リーダーに向けた
カリキュラムも
用意されている

撮影会も重要な研修の場となる

社長塾の後は
懇親会で盛り上がる

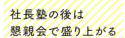

「花やの前の美容室」は、女性が輝いて働いている会社です

現在、「花やの前の美容室」では、
約60名の女性が働いてくれています。
みんなそれぞれの持ち場で
活き活きと
活躍していると
自負しています。

PART 5

働き続けてくれる女性たちの声

本章では当社で働いてくれているスタッフの「現場の声」を集めました。出産後もずっと正社員として働いている人、パート職で働いている人、これから出産を希望している人など、さまざまな立場の人がそれぞれ率直に語ってくれています。長く働いてくれている人もいれば、社歴の浅い人もいます。

彼女たちの生の声こそが、何よりも当社のありのままの姿を伝えてくれると思います。

すでに述べたことですが、私は自分の会社のスタッフをとても大事にしているし、ひとつの家族だと思っています。家族だから、みんなが「この会社で働いて幸せ」と思ってくれることが目標です。

たとえば社長である私一人だけがいい思いをするなどという発想は、そこにはまったくありません。そんなことをしても、私は全然うれしくないのです。

決して偽善や世間体で言うのではなく、みんなで一緒に幸せになれる会社を目指しています。私の思いが伝わっているかどうかも含めて、スタッフの声を聞いてください。なお、年齢は、２０１６年5月時点のものです。

Staff's Voice

1

子どもが発熱したときのサポート体制が万全だから働くことができます

矢崎文恵　37歳

花やの前の美容室
十日市場店　スタイリスト

子ども／6歳・3歳

⊙出産で退社後にパートとして復職

美容学校を卒業して、「花やの前の美容室」に入社しました。そのまま10年ほど勤めましたが、この間に結婚し、2009年の年末に出産のために退社しました。店長をしていて仕事は楽しかったし、辞めたかったわけではないのですが、子どもを預ける当てもなかったし、初めての育児で様子もわからなかったので、退職するしか選択肢がありませんでした。

その後は育児に専念して、2人目を産んだのですが、2012年にパートとして復職しました。

きっかけは同期の人から、「託児所ができたし、人手が足りないのでよかったら戻ってきてくれないか」という電話がかかってきたことです。

将来的には、また美容師として仕事に戻りたいという希望はありましたが、下の子が3歳になるまでは家にいようと思っていたので、少し迷いました。

でも誘ってもらえるのはありがたいことだったし、託児所ができたなら大丈夫かなと思い、思い切って復職しました。

最初は週2回から始めて徐々に増やし、今は基本的に週に4回、9時から5時まで仕事をしています。最初は不安もありましたが、託児所の保育士さんも同じ会社の社員なので、その点はすごく安心感がありました。

小さな子どもを持って働くことで大変なのは、〝いざというとき〟なんですね。小さいうちは熱を出したり、吐いてしまったりがしょっちゅうです。するとすぐに電話がかかってきてお迎えに行かないといけない。

美容師の場合はお客様相手ですから、そこがネックとなって仕事を辞めてしまう人が多いのだと思います。

うちの場合は、そうしたサポート体制が本当にしっかりできているんです。私が急に子どものお迎えに行かなければならないときは、スタッフがしっかりサポートしてくれます。

本当にみんな理解があるんです。

もちろんお客様に対しては、最初に時間帯など自分の事情をお伝えして、その条件でよければということで予約をしていただいています。

子どものことで急に早退しないといけないというのは、働くお母さんは誰でも経験することでしょうが、やはりどのお母さんも肩身が狭い思いをしていらっしゃると思います。もちろん私も「みんなに申し訳ない」という気持ちはすごくあるのですが、スタッフ全員が温かく受け入れてくれているので本当に助かっています。逆に言えばこの体制があるからこそ、働くことができています。

⊙この会社を嫌だと思ったことは一度もない

会社がここまでの体制を整えられたのは、やはり雨宮社長の考え方によるものが大きいと思います。

社長はいつも、「よかったら正社員に戻らないか」と声をかけてくださいます。

私からすれば社長は〝神〟です。社長だから言っているわけではないですよ（笑）。長いつき合いになりますが、まっすぐで裏表のない人です。そしてプラス思考でいつも明るいんです。

私、この会社に入って、会社が嫌だと思ったことが一度もないんです。もちろん自分の技術的なことで、「うまくいかなかった」「ああすれば良かった」などと落ち込むことはありますが、「あんな会社はもう嫌だ」「もう行きたくない」という気持ちになったことは本当に一度もありません。

朝礼で手帳を読むのもそうですが、みんなで目標を立ててそれを共有することで、全体としてのまとまりが出てくるんです。すると自然にお互いに助け合うという気持ちが生まれます。

私のように子どもを抱えているケースでも温かくフォローしてもらえるのは、こういう雰囲気があるからだと思います。

今は仕事と育児のバランスがちょうどいい感じで回っていますが、将来的に子どもに手がかからなくなったら、また正社員への復帰も考えていきたいと思っています。それができる環境が整っていることもまたありがたいことだと思います。

矢崎文恵さんについて

矢崎さんは入社当時から常に明るく、周囲のムードメーカー的存在でした。当時、どちらかと言うと技術に比重を置いていた私とは違い、彼女は接客、サービスということをとても大事にする人でした。彼女の接客に憧れて、美容師を目指し、入社してきた社員もいるほどです。

彼女がいたおかげで店はとても繁盛しました。その貢献を考えると、彼女には感謝の言葉しかありません。

彼女が出産した当時は、当社には託児所がありませんでした。「戻ってきてもらいたい」と幹部の田代部長にはいつも話していたのですが、その後、託児所ができて、彼女が戻ってきてくれたときは、本当に夢かと思うほどうれしく思いました。

彼女の持ち前の明るさを新人の美容師に知ってもらえることが、会社にとってもどれだけのプラスになるでしょうか。

だからこそ週に1日、1時間でも構わない、いてくれるだけでありがたいと思える、そんな存在です。

Staff's Voice

2

みんながひとつのチームとして一体感を持って伸びていける会社です

駒井真由 38歳

花やの前の美容室
甲斐篠原店　スタイリスト

子ども／5歳・3歳

⊙託児所利用者第一号として産休後に復帰

私の場合は、最初にある美容室に就職して、そこで7年働き、その後「花やの前の美容室」に転職しました。結婚後は、２０１０年に1人目、12年に2人目の子どもを出産しました。

最初の子どもを妊娠したとき、ちょうどそのタイミングで、会社の託児所ができるという話が持ち上がりました。社長からも「ぜひ利用してほしい」との話をいただき、私としてもずっと働きたいという気持ちがあったので、まさに渡りに船で利用することにしました。託児所を利用したのは私が第一号でした。

復帰後は9時から5時というシフトで働いています。復帰前と違うのは、5時に上がれるよう工夫をしなければいけないということです。

まず5時に終わるように予約を調整してもらっています。もちろんお客様によっては時間の調整ができないことがあるので、その場合は、ダブル担当制として、私とそれをサポートするスタッフに入ってもらいます。たとえばカットだけは私がやらせていただいて、カラーと仕上げはサポートスタッフが行うというように。

それももちろんいきなり「今から担当が変わります」というのではなく、サポートスタッフも日頃からお客様とコミュニケーションを取って、信頼関係を築いた上で担当させてもらっています。

スタッフもみんなが協力してくれるので本当に助かります。

⦿気兼ねなく定刻に上がれる雰囲気がありがたい

とはいえ、自分の中ではこのやり方に対して、最初かなり葛藤がありました。お客様を担当している途中で帰るのは、お客様にはもちろん、スタッフに対しても申し訳ない気持ちでいっぱいでした。

そうでなくても5時までの勤務となると、毎日、他のスタッフが働いている中で帰るわけです。たくさんやり残していることがあるような気がして、後ろめたい気持ちがすごくありました。

その部分の気持ちを整理するのはなかなか難しかったのですが、そこを切り換えないとやっていけないことにも気づきました。

お迎えが遅れたら、託児所の保育士さんにも迷惑をかけるし、子どもたちも「お母さんまだかな」と待っている。「自分は今何を優先させるべきか」という優先順位をつけることが大事なんだとわかりました。

でも、何と言っても大きかったのは、スタッフみんなの心遣いです。

「大丈夫ですから帰ってください」と声をかけてもらえるし、本当に気持ち良く帰れる雰囲気があるんです。

それから社長やリーダーも、私に会うたびに「ちゃんと時間通りに帰れているか」と気にしてくださいます。

私が託児所を利用した第一号だと言いましたが、それを間近で見ていてサポートもしてくれたスタッフが今、出産して復帰しはじめているんです。

「駒井さんのようにやれば、出産しても復帰できるというお手本を示してくれた」「道を切り開いてくれた」などと言われることもあります。

自分としては試行錯誤でやってきたことだけど、あとに続く人たちが、出産後も無理なく働き続けることができるという前例ができたとしたら、それは本当に良かったなと思います。

⦿しっかりした理念があるから一体になれる

私にとって「花やの前の美容室」は2つめの会社ですが、何と言っても人間関係がすごくいい会社だと感じています。先輩とか後輩とかいった、ヘンな意味での上下関係がなくて、みんなが一人の技術者として認め合っているんです。

それはやっぱり理念がしっかりしているからだと思います。技術者として、接客業として、基準があるから、それに向かってみんなで前向きに努力していこうと自然に思えるんです。だからずるい考えができない。もちろん愚痴を言うことぐらいは少しあるけれど、ネガティブなことを言う人は本当にビックリするぐらいいないんです。

私自身、この会社に入ったとき、「このままじゃいけない、変わらないといけない」という気づきがありました。それまでは「自分が、自分が」というところがどこかにあったような気がします。それは技術を売る美容師が陥りがちな部分でもあるかもしれません。
でもこの会社に入ってからは、まわりを考えて、みんなでチームとして一体感を持って伸びていこうというように考えが変わりました。その意味では、美容師としてだけでなく、人間的にも成長できる会社だと思います。

1日の過ごし方

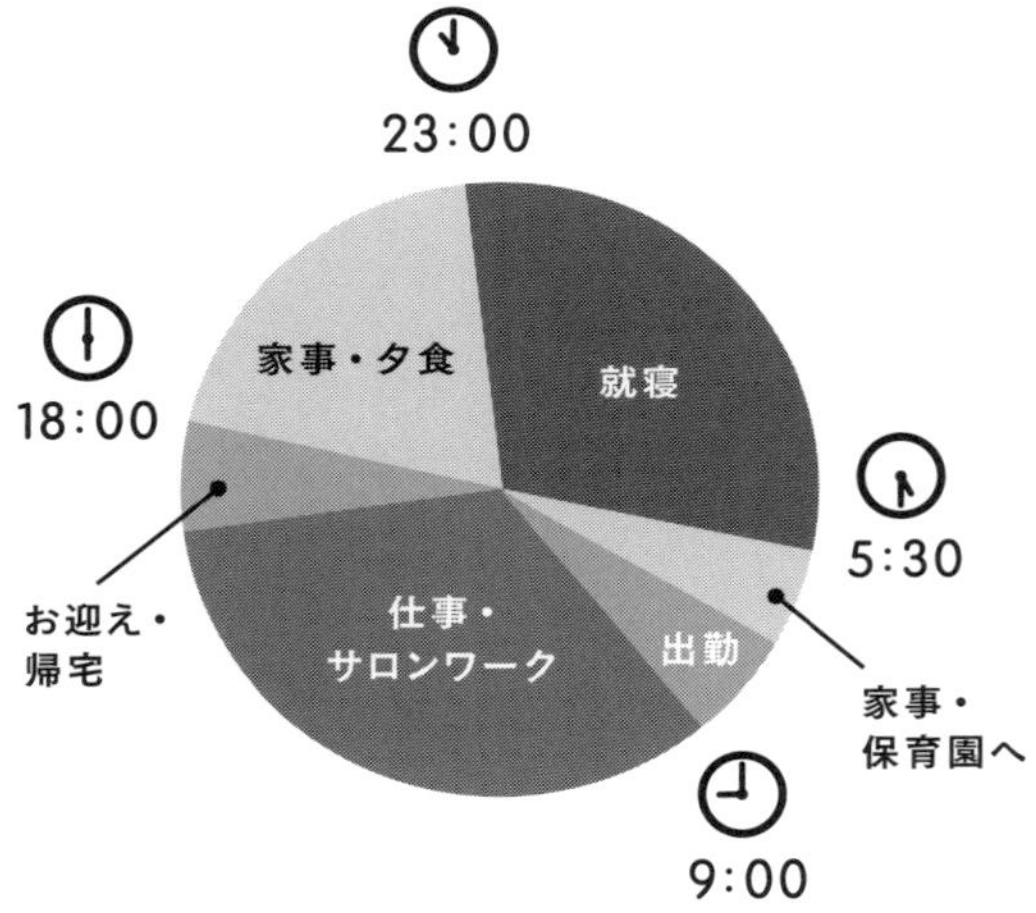

駒井真由さんについて

本文でも紹介しましたが、当社の託児所を初めて利用してくれたのが、この駒井さんです。妊娠・出産・育児と復職という大きな変化の中、前例のないことにトライするのは、さぞ勇気がいることだったと思います。

彼女の旦那さんともしっかり話し合いました。どんなに仕組みがあっても、やはり女性が働く環境には家族の理解と支えが必要不可欠だと思ったからです。

責任感の強い彼女は、復職後も時として定刻を過ぎるような仕事をしようとしました。だからこそ、時には口うるさいぐらいに時間を守るようにと言っていました。

彼女のトライによって、今では多くの女性スタッフが、当たり前のことのように託児所を利用しています。何より若いスタッフにとって彼女の存在は心強く、自分の未来をイメージしやすい存在なのだと思います。

責任感のあるまじめなスタッフが長く働き続けることは、会社にとってとても大きな利益となります。そういう意味では、目先だけでなく、長期的な視野で経営をしていかなければならないのではないでしょうか。

Staff's Voice

3

まわりもみんな働いているので、出産後もずっと仕事を続ける予定です

中込あずさ 32歳

花やの前の美容室　山梨本店　店長

⊙出産後も働ける環境が整っている

美容学校を卒業後、都内の美容室に1年勤務して、その後、地元の山梨に帰り、「花やの前の美容室」に入社し、10年ほど経ちました。

2014年からは山梨本店の店長をしています。この間に結婚をして、今は第一子を妊娠中で、今年出産予定です。

出産後は産休をもらって、1年後には仕事に復帰するつもりです。私が出産後も働き続けることには夫も賛成してくれているし、そのための環境が整っているのが大きいです。託児所が完備されているし、子どもを持って働くための体制が万全なんです。

正社員でもショートタイム制度があるから早く上がることができるし、日曜日に休むこ

ともできます。美容室で日曜日に休めるところはあんまりないと思うんです。それから子どもの行事があるときなども気兼ねなく休みを取ることができます。

私もちょっと前まではつわりがあって、つらいときもあったのですが、スタッフがとても気を遣ってくれたので、つわりの間も休まずに乗り切ることができました。

私のつわりがそれほど重くならなくてすんだのは、仕事をずっと続けていたからかもしれません。

⦿託児所があるからこそ安心できる

うちで心強いことは、同じ会社に子どもを持っても正社員として働き続けている女性が多いことです。今のサロンにもやはり、出産後もずっと働いている人がいます。

そういう人たちを見ていると、「ああ、こういうふうにしたらいいんだな」というのが自然とお手本になるんです。身近にそういう人たちがいるのはとても心強いことですね。

実は私は入社した当時、あまり具体的な将来のビジョンは持っていなかったんです。でも働くうちに、どんどんこの仕事が好きになり、ずっと働き続けたいと思うようになりました。そこで初めてこの会社に勤めていることが本当にラッキーだったと思えました。

というのも、他のサロンで働いている美容師さんと話すと、「子どもができて辞めざるをえなかった」とか「子どものことでいろいろあっても、とてもじゃないけど休みをもらえない」などといった話を聞くからです。自分が当たり前だと思っていたことも、他のところでは当たり前ではないのですね。

私が地元に帰ってこちらの会社に入社したのは、本当にたまたまだったのですが、今では本当に正解だったなと思います。

専用の託児所もとても評判がいいんですよ。うちではフェイスブックの非公開グループで、スタッフも託児所の保育士もみんなが「今日の報告」をアップします。

そこで託児所の様子も見ることができるのですが、保育士の先生方が子どもたち一人一人と真剣に向き合ってくださっていることがとてもよく伝わってきます。

子どもたちの1日の様子もよくわかるし、少しずつでも日々成長していっていることが傍目にもわかるんですね。この託児所があればこそ、出産後も安心して子どもを預けることができます。

中込あずささんについて

彼女は現在、店長として活躍してくれているスタッフです。温厚でやさしく、ユーモアのある明るい性格ですが、一方で、目標達成の意識が非常に高く、仕事に対する厳しさも持ち合わせている人です。

時として女性にありがちなずるさを見逃さず、きちんと対応できる能力があります。そのあたりは男性の私にはあまり気がつかない部分でもあります。そこに配慮してくれるのは、働きやすい職場づくりのために、とても大きなことだと思います。

その意味でも成長する会社には男性も女性も必要であり、特に女性の活躍する会社には、女性の管理職の登用が欠かせないのだと思っています。

旦那さんや嫁ぎ先のご家族の理解と協力もあり、出産後に復帰してくれる予定ですが、その場合はやはり優先順位は育児となるでしょう。

彼女が育児休暇後に復帰する際に、短時間勤務であっても、リーダーとしての能力を活かせる組織を整えておくことが私の新たな課題だと思っています。

Staff's Voice

4

すばらしい人たちに囲まれて、思い切って転職して良かったと思います

山中瑠里子　34歳

ALBA GINZA　店長

⦿魅力ある会社だから人も集まる

私の美容師としての経験は14年あまりです。最初は京都のサロンで5年、その後に高知県で5年ほどの経験を積んだあと、結婚を機に東京に移って3年ほど働きました。どこに行っても職を得ることができるのが、美容師の強みですね。

「花やの前の美容室」に転職したのは2年前です。銀座で新しいサロンを出店するということで、声をかけていただきました。

東京でそれまで働いていたサロンは、かなり大きな会社でした。自分の働く時間を自由に設定できるなどいいところもあったのですが、歩合制でお給料が不安定だったり、やることが多かったりというストレスもありました。お客様をどんどん入れるという方針だっ

たので、アシスタントもいない状態で、同時に3人を1人で担当しなければならないということもありました。もちろんその分、歩合もいいのですが、やっぱりきついんです。

そういうことも含めて、この会社で今後もずっと働き続けることができるのかなという不安はずっとありました。その意味でも、こちらに移ったことは私にとっていい転機となりました。

こちらのALBAは最初、私ともう1人のスタッフで始めたのですが、やはり2人では手が回りません。そのうち前の店のスタッフが「来たい」と言って移ってきてくれたり、あるいは私から声をかけたりして、最終的には私も入れて7人になりました。

なぜこんなに集まってくれたかと言うと、やっぱりこの会社に魅力があるからだと思うんです。こちらの店では正社員として働くこともできるし、業務委託という形も取れます。お給料や待遇の面で安定を求める人は正社員を選べるし、他の目的がある人は業務委託という形でやれるんです。

うちでは業務委託のスタッフのほうが多いのですが、それぞれに将来的に外国に行きたいとか、自分の店を持ちたいという目的を持っています。だから男性でも働きやすい職場だと思います。

⊙一緒に歩んでいきたいと思わせてくれる

お店を一から立ち上げて、いろいろ大変なこともあったのですが、ひとつの店舗を育てていくというのはとてもやりがいのある仕事です。雨宮社長もそうですし、私の直属の上司である田代幸弘部長も、とてもよく話を聞いてくれて、私がやりたいと言ったことをチャレンジさせてくれるんです。

たとえば私が通っていた骨格矯正の先生がとても腕がいいので、一緒にやりたいと言ったところ、同じビルに店舗を出してくれました。こちらもとても評判が良くて、リピート率がすごく高く、口コミでお客さんが広がっている状態です。

やっぱり会社って、最後は〝人〟だと思うんです。その意味で社長も田代部長もとてもいい先輩であり、上司であり、お世辞でなく、今後もずっと一緒に歩んでいきたいと思う人たちです。

ひとつのお店を任されるという責任ある立場なので、いろいろ大変なこともあるけれど、仕事は楽しいし、今後は今のスタッフが楽しく働けるように環境をつくっていきたいです。

山中瑠里子さんについて

美容師という仕事は立ち仕事で、体力をかなり使います。疲れやすく体力も落ちてくる30代半ば頃になると、誰しも将来のことを考えはじめるものです。

社会保険も25年納めなければ将来十分な恩恵を受けることはできないし、何となくではあっても、老後に対する不安を持つ人も多くいます。だからこそ30代半ばで転職や独立を考える美容師が多いのです。

彼女は常に一緒に働く仲間のことを考えるタイプ。時として自分が犠牲になることもいとわない人です。

会社としてはとてもありがたい存在ではありますが、経営者としてはそこに甘えてはならないと思っています。そういうスタッフを大切にすることが、会社にとっても巡り巡って利益になるということを考えるべきなのです。

銀座という日本の一等地で仲間を牽引しながら、とてもフレンドリーな性格の彼女の存在は、当社に笑顔と楽しさをもたらしてくれています。

Staff's Voice

6

何よりも社員のことを考えてくれる社長がいるから安心して働けます

赤澤菜の子 25歳

花やの前の美容室 狭山店 リーダー

⊙改革の様子をリアルタイムで見てきた

私は山梨出身で、美容学校に通っているときから、雨宮社長のお店でアルバイトをしていました。とても居心地がいい会社だったので、卒業後はそのまま入社させていただきました。

当時は会社の名前も違っていて、今のような形態ではなかったのですが、社長は「今後は女性の働きやすい環境をつくっていきたい」といつも言っていました。

すごいなと思ったのは、託児所をつくったり、結婚や出産をした人が家庭と仕事を両立できるよう、ショートタイム制を採用したりと、言ったことをどんどん現実にしていったことです。まさに「有言実行」。それが目の前で行われたんですね。

子どもを産んだら辞めてしまう人が多い業界なのですが、うちでは経験値の高い人が産後も戻ってきてくれます。まだ経験の浅いスタイリストやアシスタントもいるのですが、忙しい日中にそうしたベテランがフォローしてくれるので、とても心強いんです。

私も将来的に結婚して、子どもを持ちたいと思いますが、この会社なら安心して働くことができると思っています。

⊙気軽にアイデアを提案できる

去年、狭山店がオープンすることになって、私は山梨から転勤してきました。初めての土地で一人暮らしをすることになりましたが、手当がしっかりしているので、まったく不自由なく新しい生活を始めることができました。

うちでは髪のアンチエイジングを得意にしていて、シャンプーや薬剤なども頭皮や髪に優しいものにこだわっているのですが、こちらの地域ではそういうお店はあまりないんです。だから年齢層の高い人たちにとても好評で、オープン当初からたくさんのお客様に来ていただいています。忙しいときは中目黒店からのヘルプも入るので助かります。

私もここでいろいろ経験したことが自分の成長になっています。私の未来に賭けてくれたということで、社長に感謝しています。

こちらは店がとてもいい場所にあるので、今後は地の利を生かして、まつ毛エクステなどメニューを増やして、みんなが集まりやすいサロンにしていきたいです。

こうしたアイデアも気軽に提案できるし、社長も上司も親身になって相談に乗ってくれるのがこの会社のいいところです。

雨宮社長はひと言で言うと〝熱い人〟です。「こうしたい」という信念を持ってそれを貫き通す。でもそのベースにあるのは常に「社員のため」ということなんです。誰よりも社員のことを考えてくれる人。だから信頼できるし、安心して働くことができます。

こちらの地域では高齢の方も多いのですが、みんなとても元気でいらっしゃるんですね。公民館でもさまざまな交流会があるし、フラダンスなどの教室があったりと、市も積極的に高齢者のコミュニティの場を設けているのがわかります。だから女性もいくつになってもオシャレに興味を持っているし、気持ちも若いんですね。

今はこちらで働くことを楽しんでいますし、今後山梨に戻ってもこちらでの経験を生かして長く働いていきたいです。

赤澤菜の子さんについて

新しい拠点への進出は、会社にとって大きなプロジェクトであり、スタッフにとっても大変なことだと思います。

赤澤さんには、生まれ育った山梨から見知らぬ土地である埼玉に異動してもらうことになったのですが、新しい地で新しい店の立ち上げを見事に成功させてくれました。彼女の勇気ある行動（異動）にはとても感謝しています。

今でも忘れられないのは、まだ彼女がアシスタントの頃、大雪があり、スタッフ総出で店舗の雪かきに追われたときのことです。当時、彼女の所属する店舗の駐車場の雪かきを彼女のお父さんがしてくれたのです。それを見た私は身が引き締まる思いでした。彼女のご家族に対して、この会社に娘が就職して良かったと思える会社にしなければならないと。

彼女は今、高い目標を持ち、新天地で新たなチャレンジをしています。将来若きリーダーの主力になっていくことと思います。

埼玉にいる彼女とは会う機会が少ないのですが、一緒に働いていたこともあるので、ひと回り以上の年の差ですが、時には1時間くらいの長電話もしています（笑）。

あとがき

本書も最後になりました。施術で言ったら仕上げの段階です。

最後にちょっとだけ、当社の今後の展望について語らせてください。

本文にも書いたように、私は子どもたちが「将来は美容師になりたい」と夢を抱いてくれて、まわりの大人が「それはいいね」と喜んであと押ししてくれるような、そんな業界にならなければいけないと思ってここまでやってきました。

自分の会社だけでなく、この業界を良いものにするには、現場の美容師自身がやりがいを持続し、安心して永続的に働いていける環境を構築していかなければなりません。

幸い、当社はフィロソフィの実践と部門別採算制度の導入で業績は上がり続けており、創業当初から比べても、また美容業界の現状と比べても、想像もつかないほどの恵まれた環境になってきています。

それに驕り高ぶることなく、今後はこの業界を夢見る子どもたちが、本当に希望を持って働くことのできる未来を創造することが、私と会社の役割だと思っています。

心を高め、経営を伸ばすことで、美容師を目指す子どもたちが夢を抱けるような業界にしていこうと思います。

当社の今後の展開としては、ひとつには「美と健康のコラボ」を始めているところです。美と健康は、それぞれを追求していけば最後は必ずジョイントします。

私は今も現場に月1~2回立ちます。昔からのお客様で、私にとっても現場を忘れないためのいい機会になっています。そこでお客様がよくプロポーションの話をされるのです。「ウエストを細くしたい」とか「お尻が垂れてきた」とか。そういう話を聞くと、50代、60代の女性がプロポーションを意識しはじめていることを実感します。

そこでヘアスタイルも含め、化粧などの外面的なことから内面的なもの、インナービューティにまで目を向ける必要があると思ってきたのです。

その第一歩として、2016年4月に、「美は健康とともに」をキャッチフレーズとして、フィットネスの分野、それもパーソナルトレーニング施設を美容室の敷地内にオープンしました。

パーソナルトレーニングの世界も、トレーナーの収入が低く、労働環境は決して良いとは言えません。フィットネスクラブというのはプールとかフィットネス機器とかの施設の維持費が非常に高いのです。そこにお金がかかって、人件費には回らないのですね。その構造を変えて、改善に取り組んでいきたいと思います。そこでも土台となるフィロソフィは今あるものと同じなのです。

さて現在、女性が活躍する社会の実現に向けて、連日マスコミで雇用促進などのニュースが取り上げられています。しかし、中小企業を経営している多くの経営者にとっては、国や地方行政のサポートを待っているのでは、会社の業績は衰退し、縮小し、最後には潰れてしまうのではないでしょうか。

時間は待ってはくれません。

ほとんどの中小企業は少子化の中で求人難が続き、今後はもっと深刻になっていくことと思います。

この本で取り上げた内容は、美容業でなくとも、少しの工夫を加えて、あなたさえ本気になれば、必ず実現できる内容ばかりです。

最後までこの本をご覧いただいたあなたは、女性雇用とその活躍の重要性にもちろん気がつかれていると思います。
本書の内容に、ひとつでもあなたの会社で取り組めることがあれば、そして女性が活き活きと働ける職場を実現させる一助となれば、この上ない喜びです。本書を今までお読みいただき、ありがとうございました。

最後になりましたが、今までともに歩んできてくれて、自分の能力を仲間のために尽くし、リーダーとして陰日向となって成長を支えてくれる創業からの仲間、若いリーダーとして明るく元気で前向きに現場を引っ張ってくれている仲間、花やの前の美容室の大家族、稲盛和夫塾長と盛和塾のソウルメイトの皆様に心から感謝しています。本当にありがとうございます。

最後の最後ですが、本書も仕上げの段階になったとき、熊本地方で大きな地震が起きました。この地震で、お亡くなりになられた方々のご冥福をお祈り申し上げますとともに、被災された皆様に心よりお見舞い申し上げます。
熊本には私の大切な方々も多くいらしゃって、なかにはつらい避難生活を余儀なくされている方もおられます。
何かのお役に立てればと思い、大変微力ではありますが、本書の利益の一部を寄付させていただきたいと思います。被災された方が早期に普段の生活に戻れますよう心よりお祈り申し上げます。

２０１６年４月

有限会社　花やの前の美容室　代表取締役　**雨宮健太**

著者プロフィール

雨宮健太 Kenta Amemiya

有限会社 花やの前の美容室 代表取締役
株式会社 ventoホールディングス 代表取締役

1976年1月8日、山梨県生まれ。高校卒業後、母の仕事でもあった美容師を志し、山梨美容専門学校通信科で美容師免許を取得する。他の店舗で修業をした後、1994年に、母の美容室である「花やの前の美容室」に入社、2011年には、同社代表取締役社長に就任する。

当初は美容業界の慣習のままに、経営にあたっていたが、人材育成の面でさまざまな問題に直面するなど、現状を改革する必要を実感し、自身の組織を「人が辞めない会社」にすることを決意する。

その後は、自社の経営理念、フィロソフィの浸透に力を入れ、また子どもを持つ女性従業員のために、企業内託児所を開設するとともに、顧客の次回予約制度や営業時間内の勉強会制度の確立などにより、残業しない体制を構築して、離職率の低下を実現するなど、改革を進める。さらに、独自の店舗別採算制度と新卒雇用からの教育制度を取り入れるなどして、高収益も達成し続けている。

現在、山梨、埼玉、東京に10店舗を経営するほか、全国各地にて経営者の勉強会、学校での講演活動なども広く行っている。

花やの前の美容室ウェブサイト
http://hanayanomae.com/

女性《じょせい》が働《はたら》き続《つづ》ける会社《かいしゃ》のすごい仕《し》組《く》み

2016年6月9日　初版第1刷

著　者 ―――――― 雨宮健太《あめみやけんた》
発行者 ―――――― 坂本桂一
発行所 ―――――― 現代書林
〒162-0053　東京都新宿区原町3-61　桂ビル
TEL／代表　03(3205)8384
振替00140-7-42905
http://www.gendaishorin.co.jp/

ブックデザイン ――――― 吉崎広明（ベルソグラフィック）

印刷・製本　広研印刷㈱
乱丁・落丁本はお取り替えいたします。

定価はカバーに
表示してあります。

ISBN978-4-7745-1570-0 C0034